PETITS CLASSIQUES
LAROUSSE
Collection fondée par Félix Guirand,

Le Médecin malgré lui

MOLIÈRE

farce

Édition présentée,
annotée et commentée
par
Nathalie BARBERGER,
Ancienne élève de l'E.N.S. de Fontenay,
Agrégée de Lettres modernes,
Docteur ès Lettres

SOMMAIRE

Avant d'aborder le texte

Le Médecin malgré lui
MOLIÈRE

Comment lire l'œuvre

Avant d'aborder le texte

*Gravure de J.-J. Sauvé d'après le dessin
de P. Brissart pour l'édition de 1682. B.N., Paris.*

Le Médecin malgré lui

Genre : théâtre, farce.

> **Farce :** petite pièce comique et populaire où dominent les jeux de scène.

Structure : 3 actes. La pièce n'adopte pas la structure en un acte propre à la farce mais se présente comme une comédie en trois actes. Pourtant, à chacun de ces actes correspond une unité fermée, articulée sur un thème, dans un décor qui lui est propre. Soit à l'acte I la querelle de ménage, à l'acte II la satire de la médecine, à l'acte III l'intrigue amoureuse. On pourrait donc parler d'une triple farce.

Sujet : Martine, battue par son mari, décide de se venger en faisant croire qu'il ne reconnaît sa qualité de médecin que par la force. Valère et Lucas assènent les coups de bâton attendus à Sganarelle qui se rend dans la maison de Géronte, leur maître, pour y soigner Lucinde. Là, paré de son nouvel habit, il s'adonne joyeusement à son rôle dont il tire de nombreux avantages, se vengeant à son tour en bastonnant Géronte, courtisant Jacqueline sous les yeux jaloux de son mari, et enfin, après la consultation de Lucinde, se faisant grassement payer par le vieillard. Léandre, l'amoureux de la jeune fille, révèle à Sganarelle la supercherie : Lucinde feint d'être muette pour retarder le mariage arrangé par son père. Sganarelle, à nouveau richement payé par Léandre, accepte de les secourir. Dans le troisième acte, plus rapide, Lucinde avoue ses sentiments à son père et s'enfuit avec Léandre, tandis que Sganarelle occupe Géronte. Sa complicité dénoncée par Lucas, Sganarelle est menacé de pendaison, avant qu'un dernier coup de théâtre n'aboutisse à la bénédiction nuptiale et à la réconciliation, du moins apparente, de Sganarelle et de Martine.

1re représentation : le 6 août 1666 au théâtre du Palais-Royal.

MOLIÈRE
(1622-1673)

Les premières années

1622

Naissance de Jean-Baptiste Poquelin, à Paris, dans le quartier des Halles. Il est issu d'une famille bourgeoise de tapissiers. Son père a obtenu la charge de tapissier du roi.

1632

Mort de Marie Cressé, la mère de Molière.

1633-1639

Élève au collège de Clermont, chez les jésuites (l'actuel lycée Louis-le-Grand), il apprend le grec, le latin, la rhétorique, et bien sûr les dogmes de l'Église. Les fils des grands seigneurs y sont placés derrière une barrière de bois doré qui les sépare des autres élèves.

1642

Il étudie le droit à Orléans puis, après avoir obtenu sa licence et avoir été inscrit au Barreau pendant six mois, il prend, à la demande de son père, la charge de tapissier. Accompagnant le roi et la cour à Narbonne, il rencontre la comédienne Madeleine Béjart, avec laquelle il entretient une brève liaison qui se transformera en indéfectible amitié.

1643

Il annonce à son père qu'il renonce à ses études de droit et à la charge de tapissier pour devenir comédien. Il quitte la demeure familiale et est accueilli par la famille des Béjart qui l'invite à s'engager dans la troupe qu'elle désire créer.

L'Illustre Théâtre et les débuts en province

1643

Le 16 juin, signature de l'acte de création de l'Illustre Théâtre. Il est dirigé par Madeleine Béjart et Denis Beys, élus par la troupe qui demeure libre de changer de directeur. Le contrat stipule que trois membres de la troupe, dont Molière, choisissent alternativement les grands rôles.

1643-1645

Représentations à Paris de l'Illustre Théâtre dans deux jeux de paume, d'abord celui des Métayers, puis celui de la Croix-Noire (le loyer en était moins élevé). En juillet 1645, pour la première fois, devenu chef de troupe, Jean-Baptiste Poquelin signe du nom de Molière un document officiel. En août 1645, à la suite de graves difficultés financières et plus particulièrement de deux dettes impayées, Molière est emprisonné au Châtelet, puis rapidement libéré grâce à la caution d'un ami. En décembre 1645, Molière quitte Paris et la troupe cherche fortune en province. C'est le début d'une période itinérante, sous la protection de divers grands seigneurs, qui durera treize ans.

1646-1650

Molière écrit et joue une farce, *La Jalousie du Barbouillé*, suivie d'une autre, *Le Médecin volant* (en fait les datations sont incertaines), qui inspireront plus tard, la première, *L'Amour médecin* et la seconde, *Le Médecin malgré lui*.

1650-1651

La troupe se déplace entre Lyon et Pézenas.

1653-1656

Le prince de Conti, frère du Grand Condé et gouverneur de Guyenne, subventionne la troupe.

1655

La première comédie de Molière que nous connaissions, *L'Étourdi*, est représentée à Lyon. Molière joue le personnage de Mascarille.

1656

Création du *Dépit amoureux* à Béziers. En décembre 1656, la subvention délivrée l'année précédente n'est plus accordée. Ce retrait du prince de Conti est sans doute dû à sa conversion au jansénisme qui implique de renoncer aux plaisirs mondains, à commencer par le théâtre, considéré comme une activité impie (les comédiens étaient alors excommuniés par l'Église).

1657-1658

La troupe, au service du gouverneur de Normandie, joue à Dijon, à Lyon, à Avignon, au carnaval de Grenoble, à Rouen où Molière rencontre Corneille. Sa réputation et sa prospérité sont désormais établies.

Paris et la reconnaissance royale

1658

La troupe débute à Paris par une représentation devant le roi, au Louvre. Molière donne *Nicomède* de Corneille (l'usage voulait que le spectacle commence par une tragédie), puis la farce du *Docteur amoureux*. Immense succès.

1658-1659

Grâce à la faveur royale, la troupe de Molière se produit, en alternance avec les Italiens, au théâtre du Petit-Bourbon où lui sont octroyés les jours extraordinaires. Le 18 novembre 1659, création des *Précieuses ridicules*. Molière devient un auteur à la mode.

1660

Première de *Sganarelle ou Le Cocu imaginaire*. À la demande de Monsieur, frère unique du roi, Louis XIV accorde aux comédiens privés de salle (le théâtre du Petit-Bourbon vient d'être démoli) le théâtre du Palais-Royal où ils jouent désormais les mardis, les vendredis et dimanches.

1661

En juin, représentations de *L'École des maris*. Le 17 août, *Les Fâcheux*, comédie-ballet, est jouée devant le roi au château de Vaux-le-Vicomte.

1662

Le 20 février, Molière épouse Armande Béjart, de plus de vingt ans sa cadette, dont on ignore si elle était la fille ou la sœur de Madeleine. Ce mariage fera l'objet de bien des calomnies de la part des détracteurs de Molière. En décembre, Molière crée *L'École des maris* puis *L'École des femmes*, qui connaît un vif succès, mais qui marque aussi les premières grandes attaques contre lui. À la fin de l'année, la querelle de *L'École des femmes*, lancée à l'origine par les tragédiens de l'Hôtel de Bourgogne, suscite de nombreux pamphlets : non seulement on accuse Molière d'user d'un comique vulgaire, mais on commence aussi à l'accuser de blasphème et d'immoralité.

1663

Molière répond par *La Critique de l'École des femmes*, puis par *L'Impromptu de Versailles*.

1664

Du 8 au 13 mai, Molière anime la fête qui a lieu à Versailles, connue sous le nom « Les plaisirs de l'île enchantée », et fait représenter *La Princesse d'Élide* dont Lulli compose la musique, *Les Fâcheux*, *Le Mariage forcé*, comédie-ballet de type bouffon mêlée de récits, qui clôt les divertissements princiers. Surtout, le 12 mai 1664, a lieu la première du *Tartuffe* encore inachevé. Malgré la protection du roi, sous la pression des dévots regroupés autour de la reine mère, la pièce est interdite.

La maturité

1665

La troupe de Molière devient « troupe du roi », qui la gratifie de 6 000 livres de pension. En février, création de *Dom Juan*. Devant le scandale, Molière est contraint de retirer sa pièce après quinze représentations : elle ne sera plus jouée de son vivant. À la fin de l'année, atteint d'une fluxion de poitrine, Molière reste écarté de la scène pendant deux mois.

1666

Première édition des œuvres de Molière : ni *Le Tartuffe* ni *Dom Juan* n'y figurent. Création du *Misanthrope*, puis, confronté à un demi-échec, Molière revient à la farce avec *Le Médecin malgré lui*.

1668

Amphitryon, George Dandin, L'Avare.

1669

5 février, première représentation publique du *Tartuffe*, après six ans de luttes. Création de la comédie-ballet, *Monsieur de Pourceaugnac*, en collaboration avec Lulli. Mort de Jean Poquelin, père de Molière.

1670

Création à Versailles de la comédie-ballet, commandée par le roi, *Le Bourgeois gentilhomme*, avec la collaboration de Lulli. Elle est ensuite réclamée par la Cour à Chambord, puis à Saint-Germain, avant sa reprise au Palais-Royal où les recettes sont excellentes.

1671

Les Fourberies de Scapin.

1672

Mort de Madeleine Béjart, le 17 février. Création des *Femmes savantes*. Molière est peu à peu supplanté dans la faveur royale par l'intrigant Lulli, autrefois pourtant son ami.

1673

Le roi ne fait pas appel à Molière pour les fêtes du carnaval. *Le Malade imaginaire*, que Molière destinait aux fêtes de la cour, est créé à Paris en l'absence du roi. La pièce marque la rupture définitive avec Lulli, devenu le grand favori de Louis XIV. Le 17 février, jour de la quatrième représentation, et un an jour pour jour après Madeleine, Molière meurt au sortir de la scène. Le curé de Saint-Eustache refuse l'inhumation religieuse à l'auteur du *Tartuffe* et de *Dom Juan* qui, puisqu'il est mort sans avoir renié sa vie de comédien, n'a pas pu recevoir l'extrême-onction. Cependant, après intervention du roi auprès de l'archevêque de Paris, et pour éviter le scandale, Molière est enterré de nuit au cimetière Saint-Joseph.

Le contexte historique et idéologique

La fondation de L'Illustre Théâtre a lieu l'année même de la mort de Louis XIII. C'est donc sous la régence d'Anne d'Autriche, puis surtout sous le règne personnel de Louis XIV, que Molière accomplit sa carrière théâtrale.

Ce n'est qu'au XVIIIᵉ siècle que les philosophes penseront la production des idées comme une activité libre et que le dramaturge Beaumarchais, inventant les droits d'auteur, offrira une relative autonomie aux artistes. Sous Louis XIV, ils sont étroitement dépendants des grands dont ils doivent obtenir protection et subsides. Ainsi Molière, pendant toute sa période itinérante, passe d'un protecteur à l'autre. Puis, de retour à Paris, il obtient la protection de Monsieur, le frère du roi, avant de jouir de la faveur royale et d'obtenir une pension.

Le premier acte politique de Louis XIV, quand il prend réellement le pouvoir à la mort de Mazarin, est l'arrestation du surintendant Fouquet, véritable coup de théâtre par lequel il marque son autorité en 1661. Le désir général d'ordre, hanté par le souvenir de la Fronde qui faillit emporter le royaume, est à l'origine de l'absolutisme. Le roi, très vite, concentre tous les pouvoirs entre ses mains, tandis que les ministres deviennent de simples exécutants et que la noblesse, destituée de son rôle militaire, est réduite à un rôle de pure figuration, celui de l'homme de cour, assujetti à la vie mondaine où règnent les faux-semblants. Parallèlement se développe une sorte de mystique du pouvoir absolu, incarné par le Roi Soleil, dont le culte est consacré à Versailles où le roi s'installe définitivement en 1672. La satire de la vie de cour et de la figure des courtisans apparaît fréquemment dans la littérature du XVIIᵉ, qu'il s'agisse des moralistes comme La Rochefoucauld qui condamne l'amour-propre, Boileau dont les *Satires* égratignent les puissants et les ridiculisent, ou sur un autre registre, de La Fontaine, et bien sûr de Molière.

Le règne de Louis XIV est marqué par une politique de prestige et de conquête, non seulement au niveau militaire, mais aussi artistique. En témoigne la fête connue sous le nom « Les plaisirs de l'île enchantée », cérémonie festive qui est pour le roi l'occasion de manifester son pouvoir, de rendre éblouissant le fonctionnement de la machine étatique. C'est là que Molière triomphe comme auteur, comédien et chef de troupe du roi. De ces plaisirs et jouissances exclusives sont évidemment exclues les classes inférieures dont la réalité, que Molière côtoya pendant toutes les années provinciales de l'Illustre Théâtre, est celle du besoin, de la famine, de la misère.

Mais si, lorsqu'en 1666 il fait représenter *Le Médecin malgré lui*, Molière reste bien un favori du roi, il est aussi l'objet de nombreuses critiques. Notamment celles de la Compagnie du Saint-Sacrement, son ennemie jurée depuis *Le Tartuffe*, qui marque un tournant dans l'œuvre de Molière. Considéré jusque-là comme un amuseur dans le jeu farcesque, il se lance dans un genre intermédiaire, à la frontière du tragique, où la peinture de caractères s'enrichit d'une réflexion profonde sur l'hypocrisie dans les comportements individuels et les institutions sociales, à travers ce portrait d'un faux dévot avide de domination qui se mêle de gouverner les autres. En 1665, le personnage de Dom Juan qui, dans sa quête du plaisir et de la liberté, tient tête jusqu'au bout à la menace chrétienne de l'Enfer, et qui finit par prendre le masque du dévot pour que la société le laisse tranquille, relance le scandale. Il y a ainsi un message profondément polémique dans l'œuvre de Molière qui témoigne des contradictions et des déchirements de l'époque, notamment face à la religion qui, si elle continue à envelopper les conduites publiques et privées, n'est plus pour certains qu'une foi de convention, une simple façade.

En 1666, Molière fait jouer *Le Misanthrope* : Alceste y apparaît en révolté, qui s'oppose aux conditions de la vie de cour, et plus largement de cette société monarchique fondée sur le jeu et le mensonge.

« Le Ciel ne m'a point fait, en me donnant le jour,
Une âme compatible avec les airs de la cour ;
Je ne me trouve point les vertus nécessaires
Pour y bien réussir et faire mes affaires.
Être franc et sincère est mon plus grand talent ;
Je ne sais point jouer les hommes en parlant ;
Et qui n'a pas le don de cacher ce qu'il pense
Doit faire en ce pays fort peu de résidence. »

Commentant ces lignes, M. Bénichou écrit dans *Morales du Grand Siècle* : « Alceste est d'un autre siècle, d'un siècle où n'auraient pas encore existé les servitudes et les souplesses de la cour de Versailles. Il parle le langage de la vieille franchise ; il maudit le règne de la soumission. » On considère le plus souvent que *Le Médecin malgré lui*, écrit deux mois après l'échec du *Misanthrope*, marque une sorte de régression : retour au vieux genre de la farce, au gros rire destiné à plaire et à accroître les recettes. Reste que ce qui rapproche *Le Misanthrope* du *Médecin malgré lui*, et qui fait l'unité de tout le théâtre de Molière, est cette réflexion sur une société où les trompeurs, qu'ils soient médecins, dévots ou courtisans, sont rois, où l'on ne peut plus distinguer la réalité de sa reproduction illusoire, bref une société où les signes ne veulent plus rien dire. Et si Molière, à la fin de sa vie, est finalement lâché par Louis XIV qui lui préfère Lulli, on peut y voir aussi un signe de cette ambiguïté : le farceur, tout farceur qu'il est, malgré la soumission qu'il doit à son souverain, est finalement plus critique qu'il n'y paraît…

Le cadre culturel : les genres théâtraux

La notion de genre, fondée sur la détermination de critères formels précis, est une notion essentiellement classique, qui n'avait par exemple aucun sens au Moyen Âge et qui demeure étrangère à un théâtre comme celui de Shakespeare. Mais le XVIIe siècle français voit se mettre en place des règles strictes, particulièrement celle de la vraisemblance, qui veut plaire au bon sens, et celle de la bienséance qui veut satisfaire le bon goût. Le genre qui

correspond le mieux à cet idéal classique est celui de la tragédie qui s'impose peu à peu à partir des années 1630 en
supplantant la tragi-comédie et qui connaîtra son apogée,
dans les années 1660, avec Racine.

Cinq grandes catégories permettent de délimiter les genres
théâtraux : l'origine sociale des personnages, les obstacles
auxquels ils s'opposent, le ton général de la pièce, le ton du
dénouement, les sentiments sollicités chez les spectateurs. Au
sommet de la hiérarchie la tragédie met en scène des personnages nobles ayant un rôle politique, le plus souvent issus de
l'histoire et de la mythologie antique, soumis à la fatalité. Le
ton et le dénouement de la pièce sont tragiques et doivent sus-
citer chez le public terreur et pitié afin de l'instruire et de pro-
voquer une purification des passions. La tragi-comédie, peu à
peu détrônée (*Le Cid* est une tragi-comédie), met en scène des
nobles sans rôle politique, ou des bourgeois, soumis au
hasard, agissant librement. Le ton de la pièce est tragique mais
le dénouement heureux : le sentiment suscité par les personnages est la sympathie. Vient ensuite la comédie où l'on distingue la simple comédie d'intrigue de la comédie de mœurs
et de caractères. Si toutes mettent en scène des bourgeois et
parfois des nobles, mais sans rôle politique, la comédie
d'intrigue ne propose que des obstacles humains facilement
surmontables, là où la comédie de mœurs montre l'emprise de
la société (c'est le cas des *Précieuses ridicules*) et la comédie de
caractères celle du tempérament (c'est le cas par exemple du
mélancolique Alceste dans *Le Misanthrope*). De plus, si le ton
de la pièce est enlevé dans la comédie d'intrigue, il peut être
parfois tendu dans les deux autres. Enfin, là où la comédie
d'intrigue suscite curiosité et sympathie, les deux autres solli-
citent chez le spectateur intérêt et moquerie contre les ridicules. Tout en bas de la hiérarchie, on trouve la farce. Elle met
en scène le peuple, animé de sentiments peu élevés (c'est la
cupidité qui le fait agir), les obstacles y sont insignifiants, et
elle provoque le gros rire, avec une omniprésence du corps et
des fonctions vitales exposées crûment, de multiples allusions
au bas corporel, dans la tradition de Rabelais.

Au XVIIe siècle, la société mondaine et cultivée impose des modèles littéraires conformes à son idéal d'élégance et d'urbanité. En témoigne la vogue des romans précieux – *Le Grand Cyrus* et *Clélie* de Mlle de Scudéry – qui deviennent des autorités en matière de politesse. Le romancier Charles Sorel parodie *L'Astrée* d'Honoré d'Urfé dans *Le Berger extravagant* en se moquant des faux bergers et de leurs vers prétentieux, tandis que Molière raille le langage mondain dans *Les Précieuses ridicules*. De même que cette société finit par faire triompher la tragédie, elle impose la comédie littéraire, au langage plus mesuré et élégant, au détriment de la farce et du théâtre de foire. Dans ses *Entretiens*, le critique Guez de Balzac oppose ainsi « la bonne raillerie qui ne choque ni la coutume ni la bienséance » aux « vilaines grimaces qui donnent de l'admiration au peuple » et qui doivent donc être exclues du théâtre. Or tout l'art de Molière est d'avoir exploité la diversité des genres et d'avoir su adapter tous les registres, de la farce à la comédie italienne, de la satire de mœurs au comique de caractères. Par son goût jamais démenti pour le comique populaire, il est proche des romanciers burlesques qui, contre les romans à la mode de Mlle de Scudéry, mettent en scène des personnages quotidiens et s'intéressent aux réalités basses, ainsi Sorel qui publie de 1623 à 1633 *La Vraie Histoire comique de Francion*, Scarron et son *Roman comique* (1651-1657) ou Furetière dans son *Roman bourgeois*.

À la comédie régulière, aux conventions prudentes que tentent d'imposer les doctes et les théoriciens du temps, Molière oppose donc un théâtre vivant, reposant sur une poétique de la diversité et de l'exubérance.

La représentation théâtrale du temps de Molière

Longtemps il n'y eut en France ni scènes fixes ni représentations suivies. En province, jusqu'au XVIIIe siècle, les tréteaux des troupes théâtrales, toujours ambulantes, se dressaient au hasard des déplacements et des saisons, soit en plein air, soit dans une salle de château, et le plus souvent dans les jeux de paume.

À Paris, lorsque la troupe de Molière y revient en 1658, il existe deux scènes officielles. Les Comédiens du Roi de l'Hôtel de Bourgogne, très fiers de leurs privilèges, jouent des tragédies. Le Théâtre du Marais, reconstruit après l'incendie de 1644, propose des spectacles féeriques, ce que l'on appelle des pièces à machines : les décors changent à vue, les divinités du ciel descendent comme par magie. En 1661, Molière s'installe par faveur royale dans la nouvelle salle du Palais-Royal, une salle vaste et magnifique pouvant accueillir 12 000 spectateurs. Il faut cependant en imaginer l'inconfort : la chaleur dégagée par les spectateurs massés dans le parterre, renforcée par les chandelles placées autour de la salle et par celles qui, en grand nombre, éclairaient la scène. Surtout, on allait alors au spectacle certes pour le désir de voir et d'entendre, mais aussi pour celui, souvent plus impérieux, d'être vu et entendu. En fait, le spectateur devait pouvoir jouir d'un double spectacle, celui de la scène et celui de la salle.

La conception architecturale reflétait une stricte division sociale. La noblesse est dans les loges ou sur la scène. En bas, dans le parterre, où l'on reste debout, on trouve la petite et moyenne bourgeoisie, les gens du peuple. À ce public populaire, Molière, par la bouche de Dorante dans *La Critique de l'École des femmes*, accorde une grande importance : « Apprends, Marquis, à le prendre en général, je me fierais assez à l'approbation du parterre. » La salle de théâtre était très animée : on circulait, on se courtisait, on s'apostrophait, on liait conversation avec son voisin.

Le rapport scène-salle du temps de Molière n'avait donc rien à voir avec le cérémonial silencieux que nous connaissons aujourd'hui. Au début de la pièce *Les Fâcheux*, Éraste raconte l'irruption sur scène d'« un homme à grands canons qui dérange grossièrement le jeu des comédiens par une gesticulation déplacée » et par les remarques insolentes qu'il crie à destination du parterre. Les comédiens devaient donc déployer d'immenses efforts vocaux pour réussir à se faire entendre !

Le Médecin malgré lui dans l'œuvre de Molière

Avec cette pièce, Molière revient à la farce. Il retrouve aussi le personnage de Sganarelle présent dans six pièces écrites de 1660 à 1666, toujours joué par Molière : *Sganarelle ou Le Cocu imaginaire*, *L'École des maris*, *Le Mariage forcé*, *Dom Juan*, *L'Amour médecin*, et enfin, incarnation suprême et dernière, *Le Médecin malgré lui*. En fait, Sganarelle est apparu pour la première fois, du moins pour les pièces connues, dans une farce datant de la période de l'Illustre Théâtre : *Le Médecin volant*. Or l'étonnant est que le dernier Sganarelle, celui de notre pièce, rejoigne à ce point le premier, où il apparaissait déjà en médecin, capable de monter des fictions, de berner les dupes. Quelque chose unit donc le personnage à l'habit de médecin, qu'il endossait rapidement dans *Dom Juan*, qu'il assume triomphalement dans *Le Médecin malgré lui*.

Cette pièce appartient donc à la lignée des comédies de Molière qui proposent une satire de la médecine, et qui nous mènent jusqu'à la dernière, *Le Malade imaginaire*, où Argan vit entre purges et lavements, victime de M. Fleurant l'apothicaire, de M. Purgon, et surtout de Diafoirus père et fils, deux médecins imbéciles et ignorants. Cette satire de la médecine, comme celle de l'homme de loi, relève d'une tradition. Reste qu'il faut cependant noter un élément intéressant. Si l'on excepte *Le Médecin volant*, la première apparition de Sganarelle en médecin se situe dans *Dom Juan*, pièce réputée sérieuse qui s'apparente aux grandes comédies que sont *Le Tartuffe* et *Le Misanthrope*. Or, dans cette pièce, l'impiété religieuse de Dom Juan se double d'incrédulité en médecine. « Comment, Monsieur est-il aussi impie en médecine ? » demande le valet à son maître. Et c'est à la faveur de ce qu'il considère comme la première des hérésies – ne pas « croire » en la médecine – que Sganarelle peut entamer le procès de l'autre, le refus de la religion. Mais Sganarelle, qui dénonce l'athéisme de son maître, n'hésite pas à jouer du pouvoir que lui confère, face à de pauvres paysans crédules, l'habit de médecin. La médecine rejoint donc la religion :

elles profitent toutes deux à des imposteurs qui subjuguent le peuple. De la comédie dite sérieuse à la farce, une profonde unité de réflexion régit donc le théâtre de Molière qui consiste à dévoiler, à exhiber, sous toutes ses formes, l'impunité qu'une société corrompue offre à tous ceux qui savent jouer d'un masque, se prévaloir d'un rôle. À ce titre, il faut rappeler que Molière fréquenta dans sa jeunesse le cercle des libertins, nourris de la philosophie nouvelle de Descartes, parmi lesquels on trouve Cyrano de Bergerac, La Mothe Vayer, Scarron et surtout le philosophe Gassendi qui enseignait, dans la lignée du *Discours de la méthode* paru anonymement en Hollande en 1637, le refus des superstitions, des pratiques religieuses fanatiques et la méfiance contre le mystère en général. Fidèle à ces principes, Molière, jusqu'au bout, fera triompher dans son théâtre les droits de la nature et du désir, ceux d'une humanité indisciplinée qui préfère le plaisir aux leçons austères des illusionnistes, de tous ces graves docteurs ou directeurs de conscience dont le discours repose sur le mépris du corps et la peur du châtiment.

Vie	Œuvres
1622 Naissance à Paris de J.-B. Poquelin.	
1632 Mort de Marie Cressé. **1633** Il entre au collège de Clermont.	
1642 Licence de droit à Orléans. Rencontre de Madeleine Béjart. **1643** Il décide de devenir comédien. Fondation de l'Illustre Théâtre. **1644** Débuts de la troupe à Paris. Pseudonyme de Molière et il devient directeur de troupe.	

ÉVÉNEMENTS CULTURELS ET ARTISTIQUES	ÉVÉNEMENTS HISTORIQUES ET POLITIQUES
1623 Sorel, *La Vraie Histoire comique de Francion*. **1624** Louis XIII fait construire le premier Versailles.	**1623** Poursuite contre les libertins. **1624** Richelieu nommé ministre de Louis XIII. Peste en France (jusqu'en 1640) et disette céréalière. **1627** Fondation de la Compagnie du Saint-Sacrement.
1629 Corneille, *Mélite*. **1630** Tirso de Molina, *Le Trompeur de Séville*. **1632** Rembrandt, *La Leçon d'anatomie*. **1633** Honoré d'Urfé, *L'Astrée*.	**1630** Émeutes en province contre la cherté de la vie.
1636 Corneille, *Le Cid*. **1637** Descartes, *Discours de la méthode*.	**1635** Fondation de l'Académie française.
1640 Corneille, *Horace, Cinna*. G. de La Tour, *Le Tricheur à l'as de carreau*.	
1642 Corneille, *Polyeucte*. Monteverdi, *Le Couronnement de Poppée*. L. Le Nain, *Famille de paysans*.	**1642** Mort de Richelieu.
	1643 Mort de Louis XIII. Régence d'Anne d'Autriche. Mazarin, principal ministre. Disette, émeutes urbaines et paysannes.
1644 Velázquez, *Le Nain*.	

Vie	Œuvres
1645 Prison pour dettes. La troupe part pour la province.	
1647 Albi, Carcassonne.	
1648 Nantes.	
1649 Toulouse, Narbonne. **1650** Lyon, Pézenas.	
1653 Protection du prince de Conti.	
	1655 Création de *L'Étourdi* à Lyon.
1656 Narbonne, Béziers. **1657** Protection du gouverneur de Normandie. **1658** Retour à Paris. Le roi installe la troupe au Petit-Bourbon.	**1656** *Le Dépit amoureux* à Béziers.
	1659 *Les Précieuses ridicules* au Petit-Bourbon.
1660 Installation au Palais-Royal.	
1662 Molière épouse Armande Béjart.	**1662** *L'École des femmes* au Palais-Royal.
1663 En janvier, le roi est parrain du premier fils de Molière, Louis, qui meurt le 10 novembre.	**1663** *La Critique de l'École des femmes* et *L'Impromptu de Versailles*.

ÉVÉNEMENTS CULTURELS ET ARTISTIQUES	ÉVÉNEMENTS HISTORIQUES ET POLITIQUES
1645 Construction du Val-de-Grâce par Mansart et Lemercier.	
	1648 Traités de Westphalie (fin de la guerre de Trente Ans).
1649 M*lle* de Scudéry, *Le Grand Cyrus*.	
	1650 Fronde des princes. Révolte de Condé contre le roi et Mazarin.
1651 Scarron, *Le Roman comique*.	
	1653 Fin de la Fronde.
1656 Pascal, *Les Provinciales*.	**1656** Louis XIV est sacré à Reims.
1659 Corneille, *Œdipe*.	
1661 Début du remaniement du château de Versailles par Le Vau et Le Nôtre. **1662** Lulli, maître de la musique royale.	**1661** Mort de Mazarin. Début du règne personnel de Louis XIV. Arrestation de Fouquet.

Vie	Œuvres
	1664 Première représentation publique du *Tartuffe*, aussitôt interdite.
1665 La troupe devient Troupe du roi et obtient 6 000 livres de pension.	1665 *Dom Juan*.
1666 Molière est malade.	1666 *Le Misanthrope, Le Médecin malgré lui*.
	1667 Seconde représentation publique du *Tartuffe* sous le titre *L'Imposteur*. Nouvelle interdiction.
	1668 *Amphitryon, George Dandin, L'Avare*.
1669 Mort de Jean Poquelin.	1669 *Monsieur de Pourceaugnac*.
	1670 *Le Bourgeois gentilhomme*.
	1671 *Les Fourberies de Scapin, La Comtesse d'Escarbagnas*.
1672 Mort de Madeleine Béjart.	1672 *Les Femmes savantes*.
1673 Mort de Molière.	1673 *Le Malade imaginaire*.

ÉVÉNEMENTS CULTURELS ET ARTISTIQUES	ÉVÉNEMENTS HISTORIQUES ET POLITIQUES
1664 La Rochefoucauld, *Maximes*.	**1664** Condamnation de Fouquet, Colbert surintendant général.
1665 Le Bernin, *Buste de Louis XIV*. Vermeer de Delft, *La Dentellière*. **1666** Furetière, *Le Roman bourgeois*. Boileau, *Satires* (I à VII). Construction de la colonnade du Louvre. **1667** Racine, *Andromaque*.	**1666** Mort de la reine mère Anne d'Autriche.
1668 La Fontaine, *Fables* (1er recueil).	
1669 Racine, *Britannicus*. **1670** Pascal, *Pensées*. Racine, *Bérénice*.	**1670** Madame de Montespan officiellement favorite du roi. Mort de Madame.
1671 Lebrun décore Versailles.	**1671** L'enseignement de la philosophie de Descartes est interdit à Paris.
1672 Racine, *Bajazet*. **1673** *Cadmus et Hermione* de Quinault et Lulli (1er opéra français).	**1673** Louis XIV réduit le droit de remontrance au Parlement.

Aux sources du comique : la farce et le théâtre italien

Avec *Le Médecin malgré lui*, Molière combine deux sources, la farce issue de la tradition médiévale française et la *commedia dell'arte*. Le nom de Sganarelle porte la trace de cette double origine, française par le suffixe *-elle*, italienne par le radical.

La farce

Au Moyen Âge et jusqu'à la Renaissance, on jouait, pour achever un spectacle, des farces : de courtes pièces destinées à faire rire, fondées sur un scénario simpliste, mettant en scène des personnages médiocres dans des situations de la vie courante. Là est en quelque sorte la première comédie française qui connut son apogée au XVe siècle. La farce offrait une série de saynètes, une suite de situations et de mimiques propres à déclencher l'hilarité. La plus intéressante qui nous soit parvenue est *La Farce de Maître Pathelin*, d'auteur inconnu, composée vers 1464, qui illustre deux fois le thème du trompeur-trompé.

Maître Pathelin, avocat corrompu, extorque, contre des promesses, une pièce de drap à Guillaume, marchand avare qui voulait le tromper sur le prix. Guillaume, venu réclamer son argent au domicile de l'avocat, se retrouve face à Pathelin et à sa femme Guillemette qui ont organisé une ruse : Pathelin feint la folie en parlant divers langages à tort et à travers. Le même drapier reproche à son berger le vol d'une brebis et l'assigne au tribunal. Pathelin défend Thibaut d'Agnelet en lui conseillant, à chaque question, de répondre « bée » : le berger est acquitté. Mais lorsque Pathelin lui réclame ses honoraires, il lui est répondu à son tour de simples « bée »…
L'unité de la pièce réside dans la fourberie, une fourberie si totale qu'elle nous empêche de nous apitoyer sur la victime qui n'est elle-même qu'un trompeur. Et dans cet art de manier les signes et de duper, le plus raffiné est Pathelin, vir-

tuose des jeux d'esprit, et lointain ancêtre des fourbes de Molière. Le comique de la pièce annonce celui de Molière, avec notamment ses multiples jeux de scène, mais aussi sa fantaisie verbale (ainsi les divers jargons de l'avocat délirant en limounisois, normand, picard, flâmand, breton et en latin, jusqu'à produire un jargon inintelligible).

Au XVIIᵉ siècle, le genre de la farce a à peu près disparu. Molière va le ressusciter pendant sa période itinérante, où il écrit deux farces dont le texte est parvenu jusqu'à nous : *La Jalousie du Barbouillé*, *Le Médecin volant*. Des autres, nous ne connaissons que des titres : *Le Docteur amoureux*, *Les Trois Docteurs rivaux*, *Le Maître d'école*, *Gros René écolier*, *Le Fagotier*, *Gorgibus dans le sac*. Ces farces formaient le fond du répertoire de la troupe ambulante de comédiens avec laquelle Molière, pendant treize ans, parcourut la France. C'est donc bien par ce vieux genre populaire de la farce que Molière vient à l'écriture théâtrale. Et même si, par la suite, il l'abandonne au profit des comédies de mœurs ou de caractère, il lui restera fidèle, notamment avec, huit ans après ses débuts à la Cour, *Le Médecin malgré lui* qui comporte de nombreux motifs farcesques, à commencer par la dispute conjugale, prétexte à injures, qui ouvre la pièce, et bien sûr les multiples coups de bâton. Mais même dans les pièces de Molière dites sérieuses, plus éloignées de cette esthétique populaire, on retrouve souvent des résidus de farce qui d'ailleurs lui valurent le reproche, de multiples fois répété, de recourir à un comique grossier et bas qui devrait être exclu de la scène (là fut le point de départ de la querelle de *L'École des femmes*).

Une certaine parenté unit en outre la farce et le genre médiéval du fabliau, conte en vers de caractère comique, porteur du même esprit railleur. Or l'une des sources du *Médecin malgré lui* est précisément un fabliau, *Le Vilain mire*, dont Molière avait probablement eu connaissance par la tradition orale. Quant à l'anecdote de la muette, elle apparaît dans une farce française, *La comédie de celui qui avait épousé une femme muette*, que Rabelais cite dans le *Tiers Livre* : un pauvre mari affligé d'une épouse muette appelle à son chevet des médecins, mais, une fois la guérison obtenue, les supplie de lui faire perdre à nouveau l'usage de la parole. Outre ce problème des sources, il faut parler, plus largement, de Rabelais à Molière, d'une véritable filiation, surtout dans la mise en scène satirique des langages. Tous les pédants de Molière – à commencer par les médecins – nous renvoient aux orateurs de Rabelais, imbus de leur langage, ainsi le sorbonnard Janotus de Bragmardo, qui offre entre tous l'exemple d'un langage si lourd de clichés, si emmêlé de sentences latines et de formules livresques que la spontanéité s'y réduit à la toux : « Mna dies, Monsieur, mna dies et vobis, Messieurs. Advisez, Domine ; il y a dix-huit jours que je suis à matagraboliser cette belle harangue (…) ».

Le Vilain mire est l'histoire d'un paysan riche et avare qui bat sa femme. Deux messagers du roi arrivent un jour, cherchant un médecin (un « mire ») pour guérir la fille du roi : une arête de poisson s'est coincée dans sa gorge. Pour se venger, la femme du vilain leur fait croire que son mari est un médecin qui ne veut guérir personne à moins d'être roué de coups, ce qu'ils font. Le vilain arrive à la cour.

« La pucelle était dans la salle, toute pâle, mine défaite. Et le vilain cherche en sa tête comment il pourra la guérir, car il sait qu'il doit réussir : sinon il lui faudra mourir. Il se dit que s'il la fait rire par ses propos ou ses grimaces, l'arête sortira aussitôt puisqu'elle est plantée dans sa gorge. Il prie le roi : "Faites un feu dans cette chambre et qu'on me laisse ; vous verrez quels sont mes talents. Si Dieu veut, je la guérirai." On allume alors un grand feu, car le roi en a donné l'ordre. Les écuyers, les valets sortent. La fille s'assoit devant l'âtre. Quant au vilain, il se met tout nu, ayant ôté jusqu'à ses braies, et vient s'allonger près du feu. Alors il se gratte, il s'étrille ; ses ongles sont longs, son cuir dur. Il n'est homme jusqu'à Saumur qui soit meilleur gratteur que lui. Le voyant ainsi, la pucelle, malgré le mal dont elle souffre, veut rire et fait un tel effort que l'arête sort de sa bouche et tombe dans la cheminée. Il se rhabille, prend l'arête, sort de la chambre triomphant. Dès qu'il voit le roi, il lui crie : "Sire, votre fille est guérie ! Voici l'arête, Dieu merci." Le roi en a très grande joie et dit au vilain : "Sachez bien que je vous aime plus que tout ; vous aurez vêtements et robes. – Merci, sire, je n'en veux pas ; je ne puis rester près de vous. Je dois regagner mon logis. – Il n'en sera rien, dit le roi. Tu seras mon ami, mon maître. – Merci, sire, par Saint-Germain ! Il n'y a pas de pain chez moi ; quand je partis, hier matin, on devait aller au moulin." Le roi fait signe à deux valets : "Battez-le moi, il restera." Ceux-ci aussitôt obéissent et viennent rosser le vilain. Quand le malheureux sent les coups pleuvoir sur son dos et ses membres, il se met à leur crier grâce : "Je resterai, mais laissez-moi." »

L'inspiration italienne

Dès la seconde moitié du XVIᵉ siècle, des comédiens italiens étaient venus s'installer à Paris, appelés par Catherine II puis par Henri III. D'Italie, ils apportaient une nouvelle forme de spectacle, d'origine populaire, que l'on appela la *commedia dell'arte*. Fondée avant tout sur le geste, sur l'efficacité d'un théâtre visuel, elle est bien connue pour ses types : les vieillards comme Pantalon, les jeunes premières amoureuses, les soubrettes et surtout les valets intrigants tels Arlequin et Brighella. Les comédiens improvisaient à partir d'un canevas dramatique simple, pratiquant l'art de la pantomime et jouant de leurs corps (voltiges, pirouettes, coups de bâton) dans des jeux de scène bouffons nommés *lazzi*. Insolents et railleurs, ils risquaient souvent sur scène des obscénités sexuelles, des jeux de mots grossiers, toutes sortes d'injures.

Au XVIIᵉ siècle, les comédiens italiens remportent un succès croissant ; Louis XIV les promeut comédiens du roi, et, à partir de 1660, la troupe de Molière joue en alternance avec eux au théâtre du Petit-Bourbon. Leurs pièces, en italien mais aussi en français, sont très libres et forment l'envers du théâtre classique, l'envers d'un monde ordonné par les règles, la vraisemblance et la bienséance. Quant à leur jeu et à leur diction, ils sont eux aussi à l'opposé de ceux des comédiens de l'Hôtel de Bourgogne, où l'on donne les tragédies. Là domine une esthétique austère, avec des corps statiques et une diction toujours à la limite de la déclamation et du chant. C'est cette liberté de geste et de parole des Italiens, l'invention d'un style comique spécifiquement lié à la scène, qui fascina Molière. Et c'est ce comique des postures cocasses, du corps en mouvement, des contorsions et des jeux de physionomie qu'il exploite abondamment dans son théâtre. À cette influence il faut ajouter celle, toute proche, du théâtre de foire, forme populaire et élémentaire du théâtre, jouée sur les tréteaux, en plein air, c'est-à-dire hors des théâtres officiels où, considérée comme trop grossière, tout en bas de la hiérarchie des genres (même si elle attirait la foule), elle n'avait pas droit de cité. Outre les spectacles forains qui se tenaient à Paris sur le Pont-Neuf, deux grandes manifestations en fournissaient l'occasion : la foire Saint-Germain qui se tenait de février à avril, près de l'abbaye Saint-Germain-des-Prés, et la foire Saint-Laurent, de juillet à septembre, au nord de Paris. Les spectateurs trouvaient dans le théâtre forain tout ce qui était refoulé hors des scènes officielles parisiennes : la fantaisie, la vivacité, la satire et la parodie.

On sait par des témoignages que Molière acteur a copié la mimique et les savantes gesticulations des Italiens. La tradition veut même qu'il ait été dans sa jeunesse l'élève du célèbre bouffon italien Scaramouche. Donneau de Visé écrit dans son hommage funèbre : « Il était comédien depuis les pieds jusqu'à la tête ; il semblait qu'il eût plusieurs voix ; tout parlait en lui et d'un pas, d'un sourire, d'un clin d'œil et d'un remuement de tête, il faisait concevoir plus de choses qu'un grand parleur n'aurait pu dire en une heure. »

Mais Molière ne s'est pas seulement inspiré du jeu des comédiens italiens, il a aussi calqué la technique de ses premières farces sur celle de la *commedia dell'arte*. En témoigne *La Jalousie du Barbouillé* où l'on voit apparaître un personnage de médecin immensément bête, pontifiant, fâché qu'on le prenne – on en trouvera l'écho chez Sganarelle dans *Le Médecin malgré lui* – pour « une âme mercenaire », ou encore *Le Médecin volant*, inspiré d'une farce italienne, *Il medico volante*, dont la version qui nous est parvenue est à peu près complète, si ce n'est un passage qui porte la mention « galimatias » et qui devait comprendre, à la manière italienne, un développement laissé à l'initiative de l'acteur. L'intrigue est simple : Valère aime Lucile et en est aimé, mais Gorgibus, le père de la jeune fille, s'oppose au mariage. Lucile feint alors d'être malade, tandis que Sganarelle, le valet de Valère, feignant d'être médecin, dupe Gorgibus par ses citations érudites et ses improvisations fantaisistes, exigeant comme remède pour la malade l'installation au grand air, dans un pavillon au bout du jardin où les amants pourront se retrouver. La supercherie découverte, après de nouveaux rebondissements, Gorgibus finit par donner son consentement.

C'est de cette farce, datant de la période itinérante, que Molière va s'inspirer pour son *Médecin malgré lui*.

« **Sabine.** – Je vous trouve à propos mon oncle, pour vous apprendre une bonne nouvelle. Je vous amène le plus habile médecin du monde, un homme qui vient des pays étrangers, qui sait les plus beaux secrets, et qui sans doute guérira ma cousine. On me l'a indiqué par bonheur, et je vous l'amène. Il est si savant, que je voudrais par bonheur être malade afin qu'il me guérît.

Gorgibus. – Où est-il donc ?

Sabine. – Le voilà qui me suit ; tenez, le voilà.

Gorgibus. – Très humble serviteur à Monsieur le Médecin ! Je vous envoie quérir pour voir ma fille qui est malade ; je mets toute mon espérance en vous.

Sganarelle. – Hippocrate dit, et Galien, par vives raisons, persuade qu'une personne ne se porte pas bien quand elle est malade. Vous avez raison de mettre votre espérance en moi ; car je suis le plus grand, le plus habile, le plus docte médecin qui soit dans la faculté végétale, sensitive et minérale.

Gorgibus. – J'en suis fort ravi.

Sganarelle. – Ne vous imaginez pas que je sois un médecin ordinaire, un médecin du commun. Tous les autres médecins ne sont, à mon égard, que des avortons de médecine. J'ai des talents particuliers, j'ai des secrets. Salamalec, salamalec. Rodrigue, as-tu du cœur ? *Signor si, signor no. Per omnia saecula, saculorum.* Mais encore voyons un peu.

Sabine. – Eh ! Ce n'est pas lui qui est malade, c'est sa fille.

Sganarelle. – Il n'importe : le sang du père et de la fille ne sont qu'une même chose, et par l'altération de celui du père, je puis connaître la maladie de la fille. Monsieur Gorgibus, y aurait-il moyen de voir l'urine de l'égrotante ?

Gorgibus. – Oui-da ; Sabine, vite allez quérir de l'urine de ma fille. *(Sabine sort.)* Monsieur le Médecin, j'ai grand peur qu'elle ne meure.

Sganarelle. – Ah ! Qu'elle s'en garde bien ! Il ne faut qu'elle s'amuse à se laisser mourir sans l'ordonnance du médecin. *(Sabine rentre.)* Voilà de l'urine qui marque grande chaleur, grande inflammation dans les intestins ; elle n'est pas tant mauvaise pourtant.

Gorgibus. – Hé quoi ! Monsieur, vous l'avalez ?

Sganarelle. – Ne vous étonnez pas de cela : les médecins, d'ordinaire, se contentent de la regarder ; mais moi, qui suis un médecin hors du commun, je l'avale, parce qu'avec le goût je discerne bien mieux la cause et les suites de la maladie. Mais, à vous dire la vérité, il y en avait trop peu pour asseoir un bon jugement ; qu'on la fasse encore pisser.

Sabine, *sort et revient.* – J'ai bien eu de la peine à la faire pisser.

Sganarelle. – Que cela ! Voilà bien de quoi ! Faites-la pisser copieusement, copieusement. Si tous les malades pissent de la sorte, je veux être médecin toute ma vie.

Sabine, *sort et revient.* – Voilà tout ce qu'on peut avoir, elle ne peut pas pisser davantage.

Sganarelle. – Quoi ! Monsieur Gorgibus, votre fille ne pisse que des gouttes ? Voilà une pauvre pisseuse que votre fille ; je vois bien qu'il faudra que je lui ordonne une potion pissative. N'y aurait-il pas moyen de voir la malade ?

Sabine. – Elle est levée ; si vous voulez, je la ferai venir. »

Molière, Le Médecin volant, scène 4.

Réception, représentation et publication de la pièce

Le Médecin malgré lui fut représenté pour la première fois le 6 août 1666 sur la scène du Palais-Royal avec la comédie *La Mère Coquette* de Donneau de Visé. À partir de septembre, et pour quatre spectacles seulement, la pièce précédait *Le Misanthrope*. Le succès fut éclatant, comme le rapporte la gazette de Robinet :

« [...] dans cette cité
Un médecin vient de paraître
Qui d'Hippocrate est le grand maître.

On peut guérir en le voyant,
En l'écoutant, bref, en riant. »
Subligny, dans *La Muse dauphine* (août 1666), s'enthousiasme pour la pièce :
« Molière, dit-on, ne l'appelle
Qu'une petite bagatelle ;
Mais cette bagatelle est d'un esprit si fin
Que, s'il faut que je vous le die,
L'estime qu'on en fait est une maladie
Qui fait que dans Paris tout court au *Médecin*. »
Molière est metteur en scène et joue le personnage de Sganarelle, impressionnant par sa présence scénique. Nous connaissons le costume de Lucinde pour la première représentation : « jupe de satin couleur de feu avec guipures et trois volants, et le corps de toile d'argent et de soie verte ». Quant au Sganarelle du premier acte, il porte « pourpoint, haut-de-chausses, col, ceinture, fraise et bas de laine et escarcelle, le tout de serge jaune garni de ruban de Padoue », un vrai costume de « perroquet » ! Les comédiens avaient abandonné l'usage des masques, mais recherchaient l'effet farcesque, caricatural. Pour la distribution, on trouvait La Grange dans le rôle du jeune premier Léandre ; Mlle de Brie, spécialiste des soubrettes, dans celui de Jacqueline ; Du Croisy, à la forte corpulence, incarnait Géronte, et Armande Béjart, la jeune femme de Molière, Lucinde.
La pièce fut, du vivant de son auteur, donnée 59 fois : c'est une des œuvres qu'il a reprise le plus souvent, ce qui témoigne de son succès.
La première édition du *Médecin malgré lui* parut en décembre 1666 chez le libraire Jean Ribou, proche ami de Molière.

Portrait de M. de Molière, en habit de Sganarelle.
Gravure de Simonin, Bibliothèque nationale, Paris.

Le Médecin malgré lui

MOLIÈRE

farce

Représentée pour la première fois
le 6 août 1666

Personnages

SGANARELLE *mari de Martine.*

MARTINE *femme de Sganarelle.*

M. ROBERT *voisin de Sganarelle.*

VALÈRE *domestique de Géronte.*

LUCAS *mari de Jacqueline.*

GÉRONTE *père de Lucinde.*

JACQUELINE *nourrice chez Géronte et femme de Lucas.*

LUCINDE *fille de Géronte.*

LÉANDRE *amant de Lucinde.*

THIBAUT *père de Perrin.*

PERRIN *fils de Thibaut, paysan.*

La scène est à la campagne.

Les accessoires :
une grande bouteille, deux « battoirs » en bois, trois chaises, un morceau de fromage, des jetons, une bourse.
Le décor : au premier acte une clairière,
une pièce de la maison de Géronte aux actes suivants.

ACTE PREMIER

Une forêt près de la maison de Sganarelle.

SCÈNE PREMIÈRE. SGANARELLE, MARTINE,
paraissant sur le théâtre en se querellant.

SGANARELLE. Non, je te dis que je n'en veux rien faire, et que c'est à moi de parler et d'être le maître.

MARTINE. Et je te dis, moi, que je veux que tu vives à ma fantaisie[1], et que je ne me suis point mariée avec toi pour
5 souffrir tes fredaines[2].

SGANARELLE. Oh ! la grande fatigue que d'avoir une femme ! et qu'Aristote[3] a bien raison, quand il dit qu'une femme est pire qu'un démon !

MARTINE. Voyez un peu l'habile[4] homme, avec son benêt
10 d'Aristote.

SGANARELLE. Oui, habile homme. Trouve-moi un faiseur de fagots[5] qui sache, comme moi, raisonner des choses, qui ait servi six ans un fameux médecin, et qui ait su dans son jeune âge son rudiment[6] par cœur.

---

1. **À ma fantaisie** : comme je le désire, selon mon bon vouloir.
2. **Souffrir tes fredaines** : supporter tes folies.
3. **Aristote** : philosophe grec du IVe siècle avant J.-C. Il s'agit bien sûr d'une fausse citation, inventée par Sganarelle.
4. **Habile** : savant, érudit.
5. **Faiseur de fagots** : bûcheron.
6. **Rudiment** : notions élémentaires de la grammaire latine.

15 MARTINE. Peste du fou fieffé[1] !

SGANARELLE. Peste de la carogne[2] !

MARTINE. Que maudits soient l'heure et le jour où je m'avisai d'aller dire oui !

SGANARELLE. Que maudit soit le bec cornu[3] de notaire qui
20 me fit signer ma ruine !

MARTINE. C'est bien à toi, vraiment, à te plaindre de cette affaire ! Devrais-tu être un seul moment sans rendre grâces au ciel de m'avoir pour ta femme ? et méritais-tu d'épouser une femme comme moi ?

25 SGANARELLE. Il est vrai que tu me fis trop d'honneur, et que j'eus lieu de me louer la première nuit de nos noces ! Eh ! morbleu ! ne me fais point parler là-dessus : je dirais de certaines choses...

MARTINE. Quoi ! que dirais-tu ?

30 SGANARELLE. Baste[4], laissons là ce chapitre. Il suffit que nous savons ce que nous savons, et que tu fus bien heureuse de me trouver.

MARTINE. Qu'appelles-tu bien heureuse de te trouver ? Un homme qui me réduit à l'hôpital[5], un débauché, un traître,
35 qui me mange tout ce que j'ai ?...

SGANARELLE. Tu as menti ; j'en bois une partie.

---

1. **Fou fieffé** : triple fou (l'image, à l'origine, signifie : si fou qu'on lui a donné le fief de la folie).
2. **Carogne** : injure qualifiant un individu ignoble. Le mot charogne désigne le cadavre d'une bête en putréfaction.
3. **Bec cornu** : bouc cornu. « *C'est un bouc* » se dit d'un individu malpropre. Quant à l'adjectif, il fait du notaire un mari cocu.
4. **Baste** : assez.
5. **Réduit à l'hôpital** : réduit à la misère. L'hôpital était alors un établissement charitable où l'on accueillait les plus pauvres.

MARTINE. Qui me vend, pièce à pièce, tout ce qui est dans le logis.

SGANARELLE. C'est vivre de ménage[1].

40 MARTINE. Qui m'a ôté jusqu'au lit que j'avais !...

SGANARELLE. Tu t'en lèveras plus matin.

MARTINE. Enfin qui ne laisse aucun meuble dans toute la maison.

SGANARELLE. On en déménage plus aisément.

45 MARTINE. Et qui, du matin jusqu'au soir, ne fait que jouer et que boire !

SGANARELLE. C'est pour ne me point ennuyer.

MARTINE. Et que veux-tu, pendant ce temps, que je fasse avec ma famille ?

50 SGANARELLE. Tout ce qui te plaira.

MARTINE. J'ai quatre pauvres petits enfants sur les bras...

SGANARELLE. Mets-les à terre.

MARTINE. Qui me demandent à toute heure du pain.

SGANARELLE. Donne-leur le fouet. Quand j'ai bien bu et 55 bien mangé, je veux que tout le monde soit saoul[2] dans ma maison.

MARTINE. Et tu prétends, ivrogne, que les choses aillent toujours de même ?

---

1. **C'est vivre de ménage** : jeu sur le double sens. Le sens littéral est *vivre de façon économe, sans dépense excessive*, mais l'expression signifie aussi, dans le contexte, *vivre en vendant, en dilapidant les biens du ménage*.
2. **Saoul** : repu, rassasié. Le contexte permet aussi de jouer sur le sens de *ivre*.

SGANARELLE. Ma femme, allons tout doucement, s'il vous plaît. ──

MARTINE. Que j'endure éternellement tes insolences et tes débauches ?

SGANARELLE. Ne nous emportons point, ma femme.

MARTINE. Et que je ne sache pas trouver le moyen de te ranger à ton devoir ?

SGANARELLE. Ma femme, vous savez que je n'ai pas l'âme endurante[1], et que j'ai le bras assez bon.

MARTINE. Je me moque de tes menaces !

SGANARELLE. Ma petite femme, ma mie[2], votre peau vous démange, à votre ordinaire.

MARTINE. Je te montrerai bien que je ne te crains nullement.

SGANARELLE. Ma chère moitié, vous avez envie de me dérober quelque chose[3].

MARTINE. Crois-tu que je m'épouvante de tes paroles ?

SGANARELLE. Doux objet de mes vœux, je vous frotterai les oreilles.

MARTINE. Ivrogne que tu es !

SGANARELLE. Je vous battrai.

MARTINE. Sac à vin !

SGANARELLE. Je vous rosserai[4].

MARTINE. Infâme !

---

1. **Endurante** : qui supporte les tourments avec patience.
2. **Ma mie** : (terme affectif) ma chérie, mon amie.
3. **De me dérober quelque chose** : d'éviter, par exemple, une gifle ou des coups de bâton.
4. **Rosser** : battre avec violence.

SGANARELLE. Je vous étrillerai[1] !

MARTINE. Traître, insolent, trompeur, lâche, coquin, pendard, gueux, bélître, fripon, maraud, voleur[2] !...

85 SGANARELLE *(Il prend un bâton, et lui en donne.)* Ah ! vous en voulez donc ?

MARTINE, *criant.* Ah ! ah ! ah ! ah !

SGANARELLE. Voilà le vrai moyen de vous apaiser.

Catherine Hiégel (Martine) et Richard Fontana (Sganarelle)
dans la mise en scène de Dario Fo, Comédie-Française, 1990.

---

1. **Étriller** : à l'origine nettoyer, peigner un cheval avec une brosse en fer. D'où : malmener, violenter.
2. **Traître (...) voleur** : énumération de termes insultants qui tous désignent des hommes sans valeur, méprisables. Le *pendard* est littéralement celui qui mérite d'être pendu (l'équivalent actuel serait *gibier de potence*). *Bélître* désigne à l'origine un mendiant.

REPÈRES

• À quoi renvoie le pronom *en* dans la première réplique ? Que faut-il supposer ?
• Relevez les trois didascalies de la scène. Que nous révèlent-elles sur son évolution ?

OBSERVATION

• Comment s'enchaînent les deux premières répliques ? Trouve-t-on ailleurs dans la scène un semblable enchaînement ?
• En quoi ces deux premières répliques nous renseignent-elles sur l'enjeu de la scène ?
• Étudiez la réplique de Sganarelle aux l. 19-20 puis 25-28. Quel comique exploite ici Molière ?
• Relevez et étudiez les jeux de mots de Sganarelle de la l. 36 à la l. 56. Quelle est la stratégie face aux reproches de Martine ?
• À partir de la l. 59, comment Sganarelle s'adresse-t-il à sa femme ? Quels procédés nouveaux apparaissent et quel est leur effet ?
• Relevez et étudiez les jurons de Martine.
• Expliquez la dernière intervention de Sganarelle et son effet comique.

INTERPRÉTATIONS

• Montrez que l'on peut découper la scène en trois parties.
• Qu'apprend-on sur Sganarelle dans cette première scène ? Vous essaierez d'en dresser un portrait.

SCÈNE 2. MONSIEUR ROBERT, SGANARELLE, MARTINE.

MONSIEUR ROBERT. Holà ! holà ! holà ! Fi ! Qu'est ceci ?
90 Quelle infamie ! Peste soit le coquin de battre ainsi sa femme !

MARTINE, *les mains sur les côtés, lui parle en le faisant reculer, et à la fin lui donne un soufflet*[1]. Et je veux qu'il me batte, moi.

95 MONSIEUR ROBERT. Ah ! j'y consens de tout mon cœur.

MARTINE. De quoi vous mêlez-vous ?

MONSIEUR ROBERT. J'ai tort.

MARTINE. Est-ce là votre affaire ?

MONSIEUR ROBERT. Vous avez raison.

100 MARTINE. Voyez un peu cet impertinent[2], qui veut empêcher les maris de battre leurs femmes !

MONSIEUR ROBERT. Je me rétracte[3].

MARTINE. Qu'avez-vous à voir là-dessus ?

MONSIEUR ROBERT. Rien.

105 MARTINE. Est-ce à vous d'y mettre le nez ?

MONSIEUR ROBERT. Non.

MARTINE. Mêlez-vous de vos affaires.

MONSIEUR ROBERT. Je ne dis plus mot.

---

1. **Soufflet** : gifle en langage soutenu.
2. **Impertinent** : qui agit de façon stupide ou extravagante.
3. **Se rétracter** : annuler ce que l'on vient de dire, le désavouer.

MARTINE. Il me plaît d'être battue.

110 MONSIEUR ROBERT. D'accord.

MARTINE. Ce n'est pas à vos dépens.

MONSIEUR ROBERT. Il est vrai.

MARTINE. Et vous êtes un sot de venir vous fourrer où vous n'avez que faire.

115 MONSIEUR ROBERT. *Il passe ensuite vers le mari, qui pareillement lui parle toujours en le faisant reculer, le frappe avec le même bâton et le met en fuite ; il dit à la fin :* Compère[1], je vous demande pardon de tout mon cœur. Faites, rossez, battez comme il faut votre femme ; je vous aiderai si vous le 120 voulez.

SGANARELLE. Il ne me plaît pas, moi.

MONSIEUR ROBERT. Ah ! c'est une autre chose.

SGANARELLE. Je la veux battre, si je le veux ; et ne la veux pas battre, si je ne le veux pas.

125 MONSIEUR ROBERT. Fort bien.

SGANARELLE. C'est ma femme, et non pas la vôtre.

MONSIEUR ROBERT. Sans doute[2].

SGANARELLE. Vous n'avez rien à me commander.

MONSIEUR ROBERT. D'accord.

130 SGANARELLE. Je n'ai que faire de votre aide.

MONSIEUR ROBERT. Très volontiers.

---

1. **Compère** : ami.
2. **Sans doute** : sans nul doute, assurément.

SGANARELLE. Et vous êtes un impertinent de vous ingérer [1] des affaires d'autrui. Apprenez que Cicéron [2] dit qu'entre l'arbre et le doigt [3] il ne faut point mettre l'écorce. *(Il bat*
135 *Monsieur Robert et le chasse. Ensuite il revient vers sa femme, et lui dit, en lui pressant la main :)* Oh çà ! faisons la paix nous deux. Touche là [4].

MARTINE. Oui, après m'avoir ainsi battue !

SGANARELLE. Cela n'est rien, touche.

140 MARTINE. Je ne veux pas.

SGANARELLE. Eh ?

MARTINE. Non.

SGANARELLE. Ma petite femme !

MARTINE. Point.

145 SGANARELLE. Allons, te dis-je.

MARTINE. Je n'en ferai rien.

SGANARELLE. Viens, viens, viens.

MARTINE. Non ; je veux être en colère.

SGANARELLE. Fi ! c'est une bagatelle. Allons, allons.

150 MARTINE. Laisse-moi là.

SGANARELLE. Touche, te dis-je.

---

1. **S'ingérer de** : se mêler de.
2. **Cicéron** : célèbre orateur et homme politique romain du Iᵉʳ siècle avant J.-C.
3. **Le doigt** : Sganarelle reprend ici un proverbe bien connu dont il inverse les termes : « *Entre l'arbre et l'écorce il ne faut pas mettre le doigt* », ce qui signifie qu'il ne faut pas s'immiscer dans les affaires de famille.
4. **Touche là** : touche ma main (en signe d'accord).

MARTINE. Tu m'as trop maltraitée.

SGANARELLE. Eh bien, va, je te demande pardon ; mets là ta main.

155 MARTINE. Je te pardonne. *(Elle dit le reste bas.)* Mais tu le payeras.

SGANARELLE. Tu es une folle de prendre garde à cela : ce sont petites choses qui sont de temps en temps nécessaires dans l'amitié, et cinq ou six coups de bâton, entre gens qui
160 s'aiment, ne font que ragaillardir l'affection. Va, je m'en vais au bois, et je te promets aujourd'hui plus d'un cent de fagots.

SCÈNE 3. MARTINE, *seule.*

Va, quelque mine[1] que je fasse, je n'oublie pas mon ressentiment[2] et je brûle en moi-même de trouver les moyens de te punir des coups que tu me donnes. Je sais bien qu'une femme
165 a toujours dans les mains de quoi se venger d'un mari ; mais c'est une punition trop délicate pour mon pendard, je veux une vengeance qui se fasse un peu mieux sentir ; et ce n'est pas contentement[3] pour l'injure[4] que j'ai reçue.

---

1. **Mine** : l'expression du visage.
2. **Ressentiment** : rancune, rancœur.
3. **Ce n'est pas contentement** : cela ne suffit pas.
4. **Injure** : ne désigne pas seulement, comme au sens moderne, une parole offensante, mais un traitement injuste, une offense grave et délibérée.

REPÈRES

• Comment la scène 2 s'enchaîne-t-elle à la précédente ?
• Étudiez l'apparition du personnage de Monsieur Robert. Comment vous apparaît-il physiquement ?

OBSERVATION

• En quoi les premiers mots de Martine et la réaction immédiate de Monsieur Robert sont-ils inattendus ?
• Expliquez l'expression de Sganarelle : « Apprenez que Cicéron dit qu'entre l'arbre et le doigt il ne faut point mettre l'écorce. » N'est-ce pas là un procédé déjà utilisé ?
• Quels verbes apparaissent le plus fréquemment dans la scène ? Quelles constructions syntaxiques sont reprises ?
• Le personnage de Monsieur Robert a-t-il une fonction dans l'intrigue ?
• Montrez que la scène 2 peut être distribuée en trois mouvements, fondés sur un véritable ballet des gestes et des corps.
• Étudiez la réplique finale de Sganarelle à la scène 2. N'y a-t-il pas là un effet de reprise avec la scène précédente ? Quelle est la stratégie du personnage ?
• Relevez l'aparté de Martine. Quel champ lexical apparaît ici ?

INTERPRÉTATIONS

• De la scène 1 à la scène 2, puis de la scène 2 à la scène 3, de quel procédé comique Molière joue-t-il ?
• Quelle est la fonction du bref monologue de Martine ? Est-il important pour la suite de l'action ?

SCÈNE 4. VALÈRE, LUCAS, MARTINE.

LUCAS. Parguienne[1] ! J'avons pris là tous deux une guèble[2]
170 de commission[3] ; et je ne sais pas, moi, ce que je pensons
attraper.

VALÈRE. Que veux-tu, mon pauvre nourricier[4] ? il faut bien
obéir à notre maître : et puis, nous avons intérêt, l'un et
l'autre, à la santé de sa fille, notre maîtresse ; et sans doute
175 son mariage, différé[5] par sa maladie, nous vaudrait quelque
récompense. Horace, qui est libéral[6], a bonne part aux pré-
tentions qu'on peut avoir sur sa personne[7] ; et, quoiqu'elle
ait fait voir de l'amitié[8] pour un certain Léandre, tu sais bien
que son père n'a jamais voulu consentir à le recevoir pour
180 son gendre.

MARTINE, *rêvant à part elle*. Ne puis-je point trouver
quelque invention pour me venger ?

LUCAS. Mais quelle fantaisie s'est-il boutée là dans la tête[9],
puisque les médecins y avont tous pardu leur latin ?

---

1. **Parguienne** : juron patois, équivalent de *parbleu*.
2. **Guèble** : diable en patois.
3. **Commission** : charge, mission qu'une personne reçoit de faire quelque
chose. L'expression signifie : nous nous sommes chargés d'une tâche diablement
difficile.
4. **Nourricier** : mari de la nourrice.
5. **Différé** : retardé.
6. **Libéral** : généreux.
7. **A bonne part (...) sur sa personne** : est le prétendant le mieux placé pour
obtenir le mariage.
8. **Amitié** : amour.
9. **Quelle fantaisie (...) dans la tête ?** : quelle idée saugrenue s'est-il mise dans
la tête ?

185 VALÈRE. On trouve quelquefois, à force de chercher, ce qu'on ne trouve pas d'abord ; et souvent en de simples lieux[1].

MARTINE. Oui, il faut que je me venge, à quelque prix que ce soit. Ces coups de bâton me reviennent au cœur, je ne les 190 saurais digérer ; et... *(Elle dit tout ceci en rêvant, de sorte que, ne prenant pas garde à ces deux hommes, elle les heurte en se retournant, et leur dit :)* Ah ! Messieurs, je vous demande pardon ; je ne vous voyais pas, et cherchais dans ma tête quelque chose qui m'embarrasse.

195 VALÈRE. Chacun a ses soins[2] dans le monde, et nous cherchons aussi ce que nous voudrions bien trouver.

MARTINE. Serait-ce quelque chose où je vous puisse aider ?

VALÈRE. Cela se pourrait faire ; et nous tâchons de rencontrer quelque habile homme, quelque médecin particulier[3] qui 200 pût donner quelque soulagement à la fille de notre maître, attaquée d'une maladie qui lui a ôté tout d'un coup l'usage de la langue. Plusieurs médecins ont déjà épuisé toute leur science après elle ; mais on trouve parfois des gens avec des secrets admirables, de certains remèdes particuliers, qui font 205 le plus souvent ce que les autres n'ont su faire ; et c'est là ce que nous cherchons.

MARTINE *(Elle dit ces deux premières lignes bas.)* Ah ! que le ciel m'inspire une admirable invention pour me venger de mon pendard. *(Haut.)* Vous ne pouviez jamais vous mieux 210 adresser pour rencontrer ce que vous cherchez ; et nous avons ici un homme, le plus merveilleux homme du monde pour les maladies désespérées.

---

1. **De simples lieux** : des lieux fréquentés par des gens simples, c'est-à-dire qui n'appartiennent pas à la haute société.
2. **Soins** : soucis.
3. **Particulier** : original, peu ordinaire.

Valère. Et, de grâce, où pouvons-nous le rencontrer ?

Martine. Vous le trouverez maintenant vers ce petit lieu
215 que voilà, qui s'amuse à couper du bois.

Lucas. Un médecin qui coupe du bois !

Valère. Qui s'amuse à cueillir des simples[1], voulez-vous
dire ?

Martine. Non ; c'est un homme extraordinaire qui se plaît
220 à cela, fantasque[2], bizarre, quinteux[3], et que vous ne pren-
driez jamais pour ce qu'il est. Il va vêtu d'une façon extravagante, affecte quelquefois de paraître ignorant, tient sa
science renfermée, et ne fuit rien tant tous les jours que[4]
d'exercer les merveilleux talents qu'il a eus du Ciel pour la
225 médecine.

Valère. C'est une chose admirable que tous les grands
hommes ont toujours du caprice, quelque petit grain de folie
mêlé à leur science.

Martine. La folie de celui-ci est plus grande qu'on ne peut
230 croire, car elle va parfois jusqu'à vouloir être battu pour
demeurer d'accord de sa capacité[5] ; et je vous donne avis que[6]
vous n'en viendrez pas à bout, qu'il n'avouera jamais qu'il
est médecin, s'il se le met en fantaisie[7], que vous ne preniez[8]
chacun un bâton, et ne le réduisiez, à force de coups, à vous
235 confesser à la fin ce qu'il vous cachera d'abord. C'est ainsi
que nous en usons quand nous avons besoin de lui.

....

1. **Simples** : plantes médicinales.
2. **Fantasque** : sujet à des fantaisies, à des sautes d'humeur.
3. **Quinteux** : bizarre, capricieux.
4. **Ne fuit rien tant (...) que** : évite, s'abstient surtout de.
5. **Demeurer d'accord de sa capacité** : convenir de sa compétence, reconnaître
ce qu'il sait faire.
6. **Je vous donne avis que** : je vous avertis.
7. **S'il se le met en fantaisie** : s'il lui prend la folie de.
8. **Que vous ne preniez** : à moins que vous ne preniez.

VALÈRE. Voilà une étrange folie !

MARTINE. Il est vrai ; mais, après cela, vous verrez qu'il fait des merveilles.

240 VALÈRE. Comment s'appelle-t-il ?

MARTINE. Il s'appelle Sganarelle. Mais il est aisé à connaître[1] : c'est un homme qui a une large barbe noire, et qui porte une fraise[2], avec un habit jaune et vert.

LUCAS. Un habit jaune et vert ! C'est donc le médecin des 245 paroquets ?

VALÈRE. Mais est-il bien vrai qu'il soit si habile que vous le dites ?

MARTINE. Comment ! c'est un homme qui fait des miracles. Il y a six mois qu'une femme fut abandonnée de tous les 250 autres médecins : on la tenait morte il y avait déjà six heures, et l'on se disposait à l'ensevelir, lorsqu'on y fit venir de force l'homme dont nous parlons. Il lui mit, l'ayant vue, une petite goutte de je ne sais quoi dans la bouche ; et, dans le même instant, elle se leva de son lit et se mit aussitôt à se promener 255 dans sa chambre comme si de rien n'eût été.

LUCAS. Ah !

VALÈRE. Il fallait que ce fût quelque goutte d'or potable[3].

MARTINE. Cela pourrait bien être. Il n'y a pas trois semaines encore qu'un jeune enfant de douze ans tomba du haut du

---

1. **Connaître** : reconnaître.
2. **Fraise** : grand col plissé et empesé que portaient les hommes et les femmes au XVIe siècle et au début du XVIIe siècle. Cette mode vestimentaire était donc totalement dépassée à l'époque de Molière.
3. **Or potable** : potion contenant de l'or à laquelle on attribuait des fonctions miraculeuses.

260 clocher en bas, et se brisa sur le pavé la tête, les bras et les
jambes. On n'y eut pas plutôt amené notre homme, qu'il le
frotta par tout le corps d'un certain onguent[1] qu'il sait faire ;
et l'enfant aussitôt se leva sur ses pieds et courut jouer à la
fossette[2].

265 LUCAS. Ah !

VALÈRE. Il faut que cet homme-là ait la médecine
universelle[3].

MARTINE. Qui en doute ?

LUCAS. Testigué[4] ! vela justement l'homme qu'il nous faut.
270 Allons vite le chercher.

VALÈRE. Nous vous remercions du plaisir que vous nous
faites.

MARTINE. Mais souvenez-vous bien au moins de l'avertis-
sement que je vous ai donné.

275 LUCAS. Eh ! morguenne[5] ! laissez-nous faire : s'il ne tient
qu'à battre, la vache est à nous.

VALÈRE, *à Lucas.* Nous sommes bien heureux d'avoir fait
cette rencontre ; et j'en conçois, pour moi, la meilleure espérance du monde.

---

1. **Onguent :** pommade.
2. **Jouer à la fossette :** jouer aux billes.
3. **La médecine universelle :** un médicament capable de guérir toutes les
maladies.
4. **Testigué !** : juron patois signifiant « par la tête de Dieu ! ».
5. **Morguenne :** juron patois équivalent de « morbleu ».

REPÈRES

• Quel personnage et quelles reprises de termes assurent la liaison des deux premières scènes à celle-ci ?
• Quel mot essentiel, utilisé par Sganarelle à la scène 1 et repris par Lucas, réapparaît en début de scène ? En quoi cela contribue-t-il à l'attente du spectateur ?

OBSERVATION

• Sur quel procédé théâtral repose la première partie de la scène ?
• Étudiez le langage de Lucas. Expliquez notamment : « pardu », « paroquets » et « vela ».
• Étudiez le portrait du faux médecin par Martine. Comment s'y prend-elle pour convaincre ses interlocuteurs ?
• Relevez les deux passages de récit. Quel titre pourriez-vous leur donner ?

INTERPRÉTATIONS

• Montrez que cette scène joue le rôle d'une scène d'exposition. Quelles sont les informations apportées au lecteur ?
• Avec qui et de qui rit-on dans la scène ?
• En quoi peut-on dire que cette scène inaugure la satire de la médecine ?

SCÈNE 5. SGANARELLE, VALÈRE, LUCAS.

280 SGANARELLE *entre sur le théâtre en chantant et tenant une bouteille.* La, la, la...

VALÈRE. J'entends quelqu'un qui chante, et qui coupe du bois.

SGANARELLE. La, la, la... Ma foi, c'est assez travaillé pour 285 boire un coup. Prenons un peu d'haleine. *(Il boit et dit après avoir bu :)* Voilà du bois qui est salé [1] comme tous les diables. *(Il chante.)*

　　Qu'ils sont doux,
　　Bouteille jolie,
290　Qu'ils sont doux,
　　Vos petits glouglous !
　　Mais mon sort ferait bien des jaloux,
　　Si vous étiez toujours remplie.
　　Ah ! bouteille, ma mie,
295　Pourquoi vous videz-vous ?
　　Allons, morbleu ! il ne faut point engendrer de mélancolie.

VALÈRE, *bas, à Lucas.* Le voilà lui-même.

LUCAS, *bas, à Valère.* Je pense que vous dites vrai, et que j'avons bouté le nez dessus.

300 VALÈRE. Voyons de près.

SGANARELLE, *les apercevant, les regarde en se tournant vers l'un puis vers l'autre, et abaissant sa voix, dit en embrassant sa bouteille.* Ah ! ma petite friponne ! que je t'aime, mon petit bouchon ! *(Il chante.)*

305　Mais mon sort... ferait... bien des jaloux,
　　Si...
　　Que diable ! à qui en veulent ces gens-là ?

---

1. **Du bois qui est salé** : jeu de mots. Selon Sganarelle, couper du bois, comme s'il avalait un aliment salé, donne soif.

VALÈRE, *à Lucas*. C'est lui assurément.

LUCAS, *à Valère*. Le vela tout craché comme on nous l'a
310 défiguré[1].

SGANARELLE, *à part. (Ici, il pose sa bouteille à terre et,
Valère se baissant pour le saluer, comme il croit que c'est à
dessein de la prendre[2], il la met de l'autre côté ; en suite de
quoi, Lucas faisant la même chose, il la reprend et la tient
315 contre son estomac, avec divers gestes qui font un grand jeu
de théâtre.)* Ils consultent[3] en me regardant. Quel dessein
auraient-ils ?

VALÈRE. Monsieur, n'est-ce pas vous qui vous appelez
Sganarelle ?

320 SGANARELLE. Eh ! quoi ?

VALÈRE. Je vous demande si ce n'est pas vous qui se nomme
Sganarelle.

SGANARELLE, *se tournant vers Valère, puis vers Lucas*. Oui
et non, selon ce que vous lui voulez.

325 VALÈRE. Nous ne voulons que lui faire toutes les civilités[4]
que nous pourrons.

SGANARELLE. En ce cas, c'est moi qui se nomme Sganarelle.

VALÈRE. Monsieur, nous sommes ravis de vous voir. On
nous a adressés à vous pour ce que nous cherchons ; et nous
330 venons implorer votre aide, dont nous avons besoin.

---

1. **Défiguré** : décrit.
2. **C'est à dessein de la prendre** : dans le but de.
3. **Ils consultent** : ils se consultent, s'interrogent.
4. **Civilités** : politesses.

SGANARELLE. Si c'est quelque chose, Messieurs, qui dépende de mon petit négoce [1], je suis tout prêt à vous rendre service.

VALÈRE. Monsieur, c'est trop de grâce que vous nous faites. Mais, Monsieur, couvrez-vous, s'il vous plaît ; le soleil pour-
335 rait vous incommoder.

LUCAS. Monsieu, boutez dessus [2].

SGANARELLE, à part. Voici des gens bien pleins de cérémonie [3]. (Il se couvre.)

VALÈRE. Monsieur, il ne faut pas trouver étrange que nous
340 venions à vous : les habiles gens sont toujours recherchés, et nous sommes instruits de votre capacité.

SGANARELLE. Il est vrai, Messieurs, que je suis le premier homme du monde pour faire des fagots.

VALÈRE. Ah ! Monsieur !

345 SGANARELLE. Je n'y épargne aucune chose, et les fais d'une façon qu'il n'y a rien à dire.

VALÈRE. Monsieur, ce n'est pas cela dont il est question.

SGANARELLE. Mais aussi je les vends cent dix sols [4] le cent.

VALÈRE. Ne parlons point de cela, s'il vous plaît.

350 SGANARELLE. Je vous promets que je ne saurais les donner à moins.

VALÈRE. Monsieur, nous savons les choses.

---

1. **Négoce** : commerce.
2. **Boutez dessus** : mettez votre chapeau sur votre tête.
3. **Cérémonie** : démonstration, souvent excessive, de courtoisie, de politesse.
4. **Sol** : ancienne monnaie ; cent dix sols constituent le prix d'une place dans les loges en 1666.

SGANARELLE. Si vous savez les choses, vous savez que je les vends cela.

355 VALÈRE. Monsieur, c'est se moquer que...

SGANARELLE. Je ne me moque point, je n'en puis rien rabattre[1].

VALÈRE. Parlons d'autre façon, de grâce.

SGANARELLE. Vous en pourrez trouver autre part à moins :
360 il y a fagots et fagots ; mais pour ceux que je fais...

VALÈRE. Eh ! Monsieur, laissons là ce discours.

SGANARELLE. Je vous jure que vous ne les auriez pas, s'il s'en fallait un double[2].

VALÈRE. Eh ! fi !

365 SGANARELLE. Non, en conscience ; vous en payerez cela. Je vous parle sincèrement, et ne suis pas homme à surfaire[3].

VALÈRE. Faut-il, Monsieur, qu'une personne comme vous s'amuse à ces grossières feintes, s'abaisse à parler de la sorte ! qu'un homme si savant, un fameux médecin comme vous
370 êtes, veuille se déguiser aux yeux du monde, et tenir enterrés les beaux talents qu'il a !

SGANARELLE, *à part*. Il est fou.

VALÈRE. De grâce, Monsieur, ne dissimulez point avec nous.

SGANARELLE. Comment ?

375 LUCAS. Tout ce tripotage ne sart de rian ; je savons ce que je savons.

---

1. **Je n'en puis rien rabattre** : je ne peux en baisser le prix.
2. **S'il s'en fallait un double** : même si vous m'en donniez seulement un double, c'est-à-dire deux deniers de moins.
3. **Surfaire** : demander une somme excessive.

SGANARELLE. Quoi donc ! que me voulez-vous dire ? Pour qui me prenez-vous ?

VALÈRE. Pour ce que vous êtes, pour un grand médecin.

380 SGANARELLE. Médecin vous-même ; je ne le suis point, et je ne l'ai jamais été.

VALÈRE, *bas.* Voilà sa folie qui le tient. *(Haut.)* Monsieur, ne veuillez point nier les choses davantage ; et n'en venons point, s'il vous plaît, à de fâcheuses extrémités.

385 SGANARELLE. Quoi donc ?

VALÈRE. De certaines choses dont nous serions marris[1].

SGANARELLE. Parbleu ! venez-en à tout ce qu'il vous plaira ; je ne suis point médecin, et ne sais ce que vous me voulez dire.

390 VALÈRE, *bas.* Je vois bien qu'il faut se servir du remède. *(Haut.)* Monsieur, encore un coup, je vous prie d'avouer ce que vous êtes.

LUCAS. Eh ! testigué[2] ! ne lantiponez[3] point davantage, et confessez à la franquette[4] que v's êtes médecin.

395 SGANARELLE, *à part.* J'enrage !

VALÈRE. À quoi bon nier ce qu'on sait ?

LUCAS. Pourquoi toutes ces fraimes[5]-là ? À quoi est-ce que ça vous sart ?

---

1. **Marris** : fâchés.
2. **Testigué** : juron patois (par la tête de Dieu).
3. **Lantiponer** : perdre du temps, traînasser.
4. **À la franquette** : franchement, sans cérémonie.
5. **Fraimes** : manières.

SGANARELLE. Messieurs, en un mot autant qu'en deux mille,
400 je vous dis que je ne suis point médecin.

VALÈRE. Vous n'êtes point médecin ?

SGANARELLE. Non.

LUCAS. V'n'êtes pas médecin ?

SGANARELLE. Non, vous dis-je !

405 VALÈRE. Puisque vous le voulez, il faut donc s'y résoudre.
(Ils prennent un bâton et le frappent.)

SGANARELLE. Ah ! Ah ! Messieurs ! je suis tout ce qu'il vous
plaira.

VALÈRE. Pourquoi, Monsieur, nous obligez-vous à cette
410 violence ?

LUCAS. À quoi bon nous bailler[1] la peine de vous battre ?

VALÈRE. Je vous assure que j'en ai tous les regrets du
monde.

LUCAS. Par ma figué[2] ! j'en sis fâché franchement.

415 SGANARELLE. Que diable est ceci, Messieurs ? De grâce, est-
ce pour rire ou si tous deux vous extravaguez[3], de vouloir
que je sois médecin ?

VALÈRE. Quoi ! vous ne vous rendez pas encore, et vous
vous défendez d'être médecin ?

420 SGANARELLE. Diable emporte si je le suis !

LUCAS. Il n'est pas vrai qu'ous sayez médecin ?

1. **Bailler :** donner.
2. **Par ma figué !** : juron patois (par ma foi).
3. **Extravaguer :** divaguer, délirer.

SGANARELLE. Non, la peste m'étouffe ! *(Là, ils recommencent de le battre.)* Ah ! ah ! Eh bien, Messieurs, oui, puisque vous le voulez, je suis médecin, je suis médecin ; apo-
425 thicaire[1] encore, si vous le trouvez bon. J'aime mieux consentir à tout que de me faire assommer.

VALÈRE. Ah ! voilà qui va bien, Monsieur : je suis ravi de vous voir raisonnable.

LUCAS. Vous me boutez la joie au cœur, quand je vous vois
430 parler comme ça.

VALÈRE. Je vous demande pardon de toute mon âme.

LUCAS. Je vous demandons excuse de la libarté que j'avons prise.

SGANARELLE, *à part.* Ouais ! serait-ce bien moi qui me
435 tromperais, et serais-je devenu médecin sans m'en être aperçu ?

VALÈRE. Monsieur, vous ne vous repentirez pas de nous montrer ce que vous êtes ; et vous verrez assurément que vous en serez satisfait.

440 SGANARELLE. Mais, Messieurs, dites-moi, ne vous trompez-vous point vous-mêmes ? Est-il bien assuré que je sois médecin ?

LUCAS. Oui, par ma figué !

SGANARELLE. Tout de bon ?

445 VALÈRE. Sans doute.

SGANARELLE. Diable emporte si je le savais !

---

1. **Apothicaire :** homme qui préparait et vendait les potions prescrites par les médecins (l'équivalent de notre pharmacien), mais qui avait aussi pour charge de pratiquer les lavements et les saignées.

VALÈRE. Comment ! vous êtes le plus habile médecin du monde.

SGANARELLE. Ah ! ah !

450 LUCAS. Un médecin qui a guéri je ne sais combien de maladies.

SGANARELLE. Tudieu !

VALÈRE. Une femme était tenue pour morte il y avait six heures ; elle était prête à ensevelir, lorsque, avec une goutte 455 de quelque chose, vous la fîtes revenir et marcher d'abord par la chambre.

SGANARELLE. Peste !

LUCAS. Un petit enfant de douze ans se laissit choir [1] du haut d'un clocher, de quoi il eut la tête, les jambes et les bras 460 cassés : et vous, avec je ne sais quel onguent, vous fîtes qu'aussitôt il se relevit sur ses pieds, et s'en fut jouer à la fossette.

SGANARELLE. Diantre !

VALÈRE. Enfin, Monsieur, vous aurez contentement avec 465 nous et vous gagnerez ce que vous voudrez, en vous laissant conduire où nous prétendons vous mener.

SGANARELLE. Je gagnerai ce que je voudrai ?

VALÈRE. Oui.

SGANARELLE. Ah ! je suis médecin, sans contredit. Je l'avais 470 oublié ; mais je m'en ressouviens. De quoi est-il question ? Où faut-il se transporter ?

VALÈRE. Nous vous conduirons. Il est question d'aller voir une fille qui a perdu la parole.

---

1. **Choir** : tomber.

SGANARELLE. Ma foi, je ne l'ai pas trouvée.

475 VALÈRE, *bas, à Lucas*. Il aime à rire. *(À Sganarelle.)* Allons, Monsieur.

SGANARELLE. Sans une robe de médecin ?

VALÈRE. Nous en prendrons une.

SGANARELLE, *présentant sa bouteille à Valère*. Tenez cela, 480 vous : voilà où je mets mes juleps[1]. *(Puis se tournant vers Lucas en crachant.)* Vous, marchez là-dessus, par ordonnance du médecin.

LUCAS. Palsanguenne[2] ! velà un médecin qui me plaît ; je pense qu'il réussira, car il est bouffon.

---

1. **Juleps :** potions sucrées.
2. **Palsanguenne ! :** juron patois (par le sang de Dieu).

Repères

• Quels éléments du caractère de Sganarelle, déjà mentionnés dans la première scène, réapparaissent en ce début de scène ?
• En quoi le début de cette scène est-il semblable à celui de la scène précédente ?

Observation

• Comparez les répliques de Valère et Lucas et analysez l'effet comique.
• Expliquez la réplique de Sganarelle à la l. 342.
• La scène 5 permet un retournement de situation. Lequel ? Quand se produit-il ? Quel trait de caractère découvrez-vous chez Sganarelle ?
• Comparez les récits de guérison faits par Martine et reproduits dans cette scène. Qu'en déduisez-vous ?

Interprétations

• En quoi cette scène obéit-elle au programme proposé par le titre de la pièce ?
• Relevez et classez les procédés comiques exploités dans cette scène.

Un acte à la fois ouvert et fermé

Ce premier acte peut être considéré comme une unité autonome, une farce à lui tout seul. Le programme proposé par Martine dans son monologue est réalisé à la fin de l'acte : elle est vengée des coups de bâton reçus par ceux qu'elle assène, à travers Lucas et Valère, à Sganarelle. De la première à la dernière scène de l'acte, la vengeance est consommée : de victime passive, elle est passée au rang de personnage meneur d'intrigue. Son stratagème (faire croire aux valets que Sganarelle ne reconnaît sa fonction de médecin que « malgré lui ») a fonctionné : elle dupe tout le monde, Valère et Lucas d'un côté, Sganarelle de l'autre, et au passage – autre vengeance contre le monde masculin ! –, elle réussit à souffleter Monsieur Robert. Martine peut donc disparaître, et de fait, elle ne réapparaîtra qu'à la fin de l'acte III.

Mais la vengeance de l'épouse battue n'est pas le seul motif de l'acte. Une autre intrigue, qui prend place dans un autre lieu, est révélée par Valère : Lucinde, amoureuse semble-t-il de Léandre, se voit refuser ce mariage par son père qui a en vue un autre prétendant, Horace. La tirade de Valère fait que le spectateur attend que lui soit jouée une autre comédie, qui correspond à un canevas bien connu, celui du mariage empêché, auquel s'oppose la volonté tyrannique du barbon. Quant aux dernières répliques de l'acte, elles ouvrent sur un questionnement du spectateur : comment le simple fagotier va-t-il s'acquitter de son rôle de médecin ?

Molière réussit donc le coup de force de réaliser un acte à la fois fermé et ouvert. Fermé puisque Martine, à la va-vite et sur le mode de la farce, a assumé sa vengeance ; ouvert car, par sa fonction d'exposition, il annonce deux intrigues qui feront l'objet des deux actes suivants : Sganarelle déguisé en médecin, le mariage de Lucinde et de Léandre.

Un comique de farce

Le comique gestuel, propre à la farce, domine cet acte : coups de bâton de Sganarelle assénés à Martine à la scène 1, soufflet de Martine puis coups de bâton de Sganarelle contre Monsieur Robert à la scène 2, enfin les derniers sont assénés par Valère et Lucas à

Sganarelle dans l'ultime scène. S'opère ainsi un renversement : d'une bastonnade l'autre, du début à la fin de l'acte, Sganarelle, le mari violent, devient victime de la bastonnade. À ce jeu de scène qui use du comique de la répétition, il faut ajouter celui autour de la bouteille, autre accessoire essentiel, et plus largement, dès la première scène de la querelle, tout un ballet des corps mobiles, gesticulant, voire bondissant, tentant tour à tour de donner ou d'esquiver les coups, une mise en scène des corps qui font rire par leurs débordements. Tout le contraire de l'immobilité des personnages nobles et sévères représentés dans la tragédie !

À ce comique gestuel s'adjoint bien sûr le comique verbal. Le jeu de mots est l'une des caractéristiques langagières de Sganarelle dès sa première apparition, lui qui arrive sur scène à la fin de l'acte en chantant son éloge joyeux de la bouteille. Le comique grivois est aussi présent avec son allusion, à la scène 1, au notaire cornu et à la nuit de noces avec Martine. Les injures fusent entre mari et femme. Le personnage de Lucas, balourd et maladroit, avec son patois paysan, les déformations ridicules qu'il fait subir à la langue, est conforme à la tradition de la farce. Au ballet des corps s'ajoute un véritable ballet des mots.

Acte II

Une chambre de la maison de Géronte.

Scène première. Géronte, Valère, Lucas, Jacqueline.

485 VALÈRE. Oui, monsieur, je crois que vous serez satisfait ; et nous vous avons amené le plus grand médecin du monde.

LUCAS. Oh ! morguenne ! il faut tirer l'échelle après ceti-là[1], et tous les autres ne sont pas daignes de li déchausser ses souillez.

490 VALÈRE. C'est un homme qui a fait des cures[2] merveilleuses.

LUCAS. Qui a gari des gens qui estiants morts.

VALÈRE. Il est un peu capricieux, comme je vous ai dit ; et, parfois, il a des moments où son esprit s'échappe, et ne paraît pas ce qu'il est.

495 LUCAS. Oui, il aime à bouffonner, et l'an dirait parfois, ne v's en déplaise, qu'il a quelque petit coup de hache à la tête.

VALÈRE. Mais, dans le fond, il est tout science ; et bien souvent il dit des choses tout à fait relevées[3].

---

1. **Il faut tirer l'échelle après ceti-là** : personne ne peut être comparé à cet homme-là.
2. **A fait des cures** : a obtenu des guérisons.
3. **Tout à fait relevées** : qui manifestent beaucoup d'intelligence et de savoir.

LUCAS. Quand il s'y boute [1], il parle tout fin drait [2] comme
500 s'il lisait dans un livre.

VALÈRE. Sa réputation s'est déjà répandue ici ; et tout le
monde vient à lui.

GÉRONTE. Je meurs d'envie de le voir ; faites-le-moi vite
venir.

505 VALÈRE. Je vais le quérir [3].

JACQUELINE. Par ma fi, Monsieur, ceti-ci fera justement ce
qu'ant fait les autres. Je pense que ce sera queussi queumi [4],
et la meilleure médeçaine que l'an pourrait bailler à votre
fille, ce serait, selon moi, un biau et bon mari, pour qui alle
510 eût de l'amiquié [5].

GÉRONTE. Ouais ! Nourrice, ma mie, vous vous mêlez de
bien des choses !

LUCAS. Taisez-vous, notre minagère Jaquelaine ; ce n'est pas
à vous à bouter là votre nez.

515 JACQUELINE. Je vous dis et vous douze que tous ces médecins n'y feront rian que de l'iau claire ; que votre fille a besoin
d'autre chose que de ribarbe et de séné [6], et qu'un mari est
une emplâtre [7] qui garit tous les maux des filles.

GÉRONTE. Est-elle en état maintenant qu'on s'en voulût
520 charger, avec l'infirmité qu'elle a ? Et lorsque j'ai été dans le

---

1. **Quand il s'y boute** : quand il s'y met.
2. **Tout fin drait** : tout fin droit, c'est-à-dire exactement.
3. **Quérir** : chercher.
4. **Queussi queumi** : du pareil au même.
5. **Pour qui alle eût de l'amiquié** : pour qui elle aurait de l'amour.
6. **De ribarbe et de séné** : la rhubarbe et le séné (drogue obtenue avec les
gousses de ce petit arbre) étaient couramment employées par les médecins de
l'époque pour leurs vertus laxatives.
7. **Emplâtre** : pâte épaisse que l'on applique sur la peau pour la faire adhérer
(le mot est masculin).

dessein de la marier, ne s'est-elle pas opposée à mes volontés ?

JACQUELINE. Je le crois bian ; vous l'y vouilliez bailler cun homme qu'alle n'aime point. Que ne preniais-vous ce Mon-
525 sieur Liandre, qui li touchait au cœur ? Alle aurait été fort obéissante ; et je m'en vas gager qu'il la prendrait, li, comme alle est, si vous la li voulliez donner.

GÉRONTE. Ce Léandre n'est pas ce qu'il lui faut ; il n'a pas du bien comme l'autre.

530 JACQUELINE. Il a cun oncle qui est si riche, dont il est hériquié.

GÉRONTE. Tous ces biens à venir me semblent autant de chansons[1]. Il n'est rien tel que ce qu'on tient ; et l'on court grand risque de s'abuser[2], lorsque l'on compte sur le bien
535 qu'un autre vous garde. La mort n'a pas toujours les oreilles ouvertes aux vœux et aux prières de Messieurs les héritiers ; et l'on a le temps d'avoir les dents longues[3], lorsqu'on attend, pour vivre, le trépas[4] de quelqu'un.

JACQUELINE. Enfin, j'ai toujours ou dire qu'en mariage,
540 comme ailleurs, contentement passe richesse[5]. Les bères et les mères ant cette maudite couteume de demander toujours : « Qu'a-t-il ? » et « Qu'a-t-elle ? » et le compère Biarre[6] a marié sa fille Simonette au gros Thomas pour un quarquié de vaigne[7] qu'il avait davantage que le jeune Robin, où elle

---

1. **Chansons** : fariboles, choses de rien.
2. **S'abuser** : se tromper.
3. **Avoir les dents longues** : avoir faim.
4. **Trépas** : mort, décès (ce mot appartient au registre soutenu).
5. **Contentement passe richesse** : dicton populaire qui signifie *mieux vaut le bonheur que la richesse*.
6. **Biarre** : Pierre, en patois.
7. **Un quarquié de vaigne** : un quartier de vigne. Un quartier représente le quart d'un arpent, soit à peu près 1 000 m².

545 avait bouté son amiquié ; et velà que la pauvre creiature en
est devenue jaune comme un coing, et n'a pas profité tout[1]
depuis ce temps-là. C'est un bel exemple pour vous, Monsieur. On n'a que son plaisir en ce monde ; et j'aimerais
mieux bailler à ma fille un bon mari qui li fût agriable, que
550 toutes les rentes de la Biausse[2].

GÉRONTE. Peste ! Madame la nourrice, comme vous dégoi-
sez[3] ! Taisez-vous, je vous prie ; vous prenez trop de soin[4],
et vous échauffez votre lait.

LUCAS, *en disant ceci, il frappe sur la poitrine de Géronte.*
555 Morgué ! tais-toi, t'es cune impartinante. Monsieur n'a que
faire de tes discours, et il sait ce qu'il a à faire. Mêle-toi de
donner à téter à ton enfant, sans tant faire la raisonneuse.
Monsieu est le père de sa fille ; et il est bon et sage pour voir
ce qu'il li faut.

560 GÉRONTE. Tout doux ! Oh ! tout doux !

LUCAS, *frappant encore sur la poitrine de Géronte.* Monsieu, je veux un peu la mortifier[5], et li apprendre le respect
qu'alle vous doit.

GÉRONTE. Oui ; mais ces gestes ne sont pas nécessaires.

---

1. **Tout** : du tout.
2. **La Biausse** : déformation pour la Beauce, région agricole réputée pour la richesse de ses terres.
3. **Dégoiser** : ne pas cesser de parler (terme familier et péjoratif).
4. **Vous prenez trop de soin** : vous vous faites trop de souci.
5. **Mortifier** : punir.

REPÈRES

• Quel est le changement de décor de l'acte I à l'acte II ?
• En quoi la première partie de la scène assure-t-elle le lien de l'acte I à l'acte II ?

OBSERVATION

• Commentez l'expression de Lucas : « qui a gari des gens qui estians morts ».
• Expliquez l'effet comique de l'expression : « il a quelque petit coup de hache à la tête ». Lucas ne détourne-t-il pas une expression connue, laquelle et pourquoi ?
• Quel est le second mouvement de la scène ? Qui en a l'initiative ? Quand s'arrête-t-il et que révèle la dernière réplique de Géronte à Jacqueline ?
• Commentez la réplique de Jacqueline des l. 515 à 518.
• Quel est l'effet du jeu de scène final ?

INTERPRÉTATIONS

• Sur quel procédé repose le comique de la première partie de la scène ?
• Quel est l'enjeu de cette première partie ? En quoi peut-on dire que Lucas et Valère y jouent le même rôle que Martine précédemment ? Et dès lors quel est le rôle de Géronte ?
• Cette scène marque l'apparition de nouveaux personnages. Quel est le principal argument de Jacqueline ? Géronte y répond-il ? Jouit-elle d'une véritable liberté de parole ?
• La situation de parole Géronte-Jacqueline ne vous en rappelle-t-elle pas une autre ? Laquelle, et quelle est la différence ?
• Quelles conceptions du mariage s'opposent à travers eux ?
• Comment Géronte apparaît-il dans cette scène ? Sa position de maîtrise n'est-elle pas déjà entamée ?

Scène 2. Valère, Sganarelle, Géronte, Lucas, Jacqueline.

565 Valère. Monsieur, préparez-vous. Voici notre médecin qui entre.

Géronte, *à Sganarelle.*   Monsieur, je suis ravi de vous voir chez moi, et nous avons grand besoin de vous.

Sganarelle, *en robe de médecin, avec un chapeau des plus*
570 *pointus.* Hippocrate[1] dit... que nous nous couvrions tous deux.

Géronte. Hippocrate dit cela ?

Sganarelle. Oui.

Géronte. Dans quel chapitre, s'il vous plaît ?

575 Sganarelle. Dans son chapitre... des chapeaux.

Géronte. Puisque Hippocrate le dit, il faut le faire.

Sganarelle. Monsieur le Médecin, ayant appris les merveilleuses choses...

Géronte. À qui parlez-vous, de grâce ?

580 Sganarelle. À vous.

Géronte. Je ne suis pas médecin.

Sganarelle. Vous n'êtes pas médecin ?

Géronte. Non, vraiment.

---

1. **Hippocrate :** célèbre médecin grec du IVe siècle avant J.-C., auteur de nombreux traités et du fameux *Serment* que prêtaient, et que prêtent encore, les futurs médecins.

SGANARELLE *prend ici un bâton et le bat comme on l'a*
585 *battu.* Tout de bon ?

GÉRONTE. Tout de bon. Ah ! ah ! ah !

SGANARELLE. Vous êtes médecin maintenant ; je n'ai jamais
eu d'autres licences [1].

GÉRONTE, *à Valère.* Quel diable d'homme m'avez-vous là
590 amené ?

VALÈRE. Je vous ai bien dit que c'était un médecin
goguenard [2].

GÉRONTE. Oui ; mais je l'envoirais promener avec ses
goguenarderies.

595 LUCAS. Ne prenez pas garde à ça, Monsieu ; ce n'est que
pour rire.

GÉRONTE. Cette raillerie ne me plaît pas.

SGANARELLE. Monsieur, je vous demande pardon de la
liberté que j'ai prise.

600 GÉRONTE. Monsieur, je suis votre serviteur [3].

SGANARELLE. Je suis fâché...

GÉRONTE. Cela n'est rien.

SGANARELLE. Des coups de bâton...

GÉRONTE. Il n'y a pas de mal.

605 SGANARELLE. Que j'ai eu l'honneur de vous donner.

---

1. **Licences** : diplômes qui donnent le droit d'exercer la médecine.
2. **Goguenard** : qui aime à plaisanter.
3. **Je suis votre serviteur** : formule de politesse, ici destinée à mettre fin à la
conversation.

GÉRONTE. Ne parlons plus de cela, Monsieur, j'ai une fille qui est tombée dans une étrange maladie.

SGANARELLE. Je suis ravi, Monsieur, que votre fille ait besoin de moi ; et je souhaiterais de tout mon cœur que vous
610 en eussiez besoin aussi, vous et toute votre famille, pour vous témoigner l'envie que j'ai de vous servir.

GÉRONTE. Je vous suis obligé de[1] ces sentiments.

SGANARELLE. Je vous assure que c'est du meilleur de mon âme que je vous parle.

615 GÉRONTE. C'est trop d'honneur que vous me faites.

SGANARELLE. Comment s'appelle votre fille ?

GÉRONTE. Lucinde.

SGANARELLE. Lucinde ! Ah ! beau nom à médicamenter ! Lucinde !

620 GÉRONTE. Je m'en vais voir un peu ce qu'elle fait.

SGANARELLE. Qui est cette grande femme-là ?

GÉRONTE. C'est la nourrice d'un petit enfant que j'ai.

SGANARELLE, *à part.* Peste ! le joli meuble que voilà ! *(Haut.)* Ah ! nourrice, charmante nourrice, ma médecine est
625 la très humble esclave de votre nourricerie[2], et je voudrais bien être le petit poupon fortuné[3] qui tétât le lait *(il lui porte la main sur le sein)* de vos bonnes grâces[4]. Tous mes

---

1. **Je vous suis obligé de** : je vous remercie de, je vous en suis reconnaissant.
2. **Nourricerie** : terme inventé par Sganarelle. L'art d'être nourrice.
3. **Fortuné** : heureux.
4. **Grâces** : désigne de manière abstraite le charme d'une femme, son attrait. Mais ici le geste de Sganarelle souligne que ces *bonnes grâces* sont, très concrètement, les formes généreuses de la nourrice.

remèdes, toute ma science, toute ma capacité[1] est à votre service, et...

630 LUCAS. Avec votre parmission, Monsieu le Médecin, laissez là ma femme, je vous prie.

SGANARELLE. Quoi ! est-elle votre femme ?

LUCAS. Oui.

SGANARELLE *fait semblant d'embrasser Lucas et, se tournant du côté de la nourrice, il l'embrasse*. Ah ! vraiment, je ne savais pas cela, et je m'en réjouis pour l'amour de l'un et de l'autre.

LUCAS, *en le tirant*. Tout doucement, s'il vous plaît.

Sganarelle. Je te donnerai la fièvre.
Compagnie Écla-Théâtre, 1989.

1. **Capacité** : savoir-faire, compétence.

SGANARELLE. Je vous assure que je suis ravi que vous soyez
640 unis ensemble. Je la félicite d'avoir *(il fait encore semblant d'embrasser Lucas et, passant dessous ses bras, se jette au col de sa femme)* un mari comme vous ; et je vous félicite, vous, d'avoir une femme si belle, si sage, et si bien faite comme elle est.

645 LUCAS, *en le tirant encore*. Eh ! testigué ! point tant de compliments, je vous supplie.

SGANARELLE. Ne voulez-vous pas que je me réjouisse avec vous d'un si bel assemblage ?

LUCAS. Avec moi, tant qu'il vous plaira ; mais avec ma
650 femme, trêve de sarimonie.

SGANARELLE. Je prends part également au bonheur de tous deux ; et *(il continue le même jeu)* si je vous embrasse pour vous témoigner ma joie, je l'embrasse de même pour lui en témoigner aussi.

655 LUCAS, *en le tirant derechef*. Ah ! vartigué[1], Monsieur le Médecin, que de lantiponages[2] !

SCÈNE 3. SGANARELLE, GÉRONTE, LUCAS, JACQUELINE.

GÉRONTE. Monsieur, voici tout à l'heure[3] ma fille qu'on va vous amener.

SGANARELLE. Je l'attends, Monsieur, avec toute la
660 médecine.

GÉRONTE. Où est-elle ?

---

1. **Vartigué** : juron en patois.
2. **Lantiponages** : discours inutiles.
3. **Tout à l'heure** : bientôt, dans un instant.

SGANARELLE, *se touchant le front.* Là dedans...

GÉRONTE. Fort bien.

SGANARELLE, *en voulant toucher les tétons de la nourrice.*
665 Mais comme je m'intéresse à toute votre famille, il faut que
j'essaye un peu le lait de votre nourrice, et que je visite [1] son
sein.

LUCAS, *le tirant, en lui faisant faire la pirouette.* Nanin [2],
nanin ; je n'avons que faire de ça.

670 SGANARELLE. C'est l'office [3] du médecin de voir les tétons
des nourrices.

LUCAS. Il gnia office qui quienne, je sis votte sarviteur.

SGANARELLE. As-tu bien la hardiesse de t'opposer au médecin ? Hors de là !

675 LUCAS. Je me moque de ça.

SGANARELLE, *en le regardant de travers.* Je te donnerai la
fièvre.

JACQUELINE, *prenant Lucas par le bras et lui faisant aussi
faire la pirouette.* Ôte-toi de là aussi. Est-ce que je ne sis pas
680 assez grande pour me défendre moi-même, s'il me fait
quelque chose qui ne soit pas à faire ?

LUCAS. Je ne veux pas qu'il te tâte, moi.

SGANARELLE. Fi, le vilain, qui est jaloux de sa femme !

GÉRONTE. Voici ma fille.

---

1. **Visite** : examine.
2. **Nanin** : non (déformation de nenni).
3. **Office** : rôle, charge.

REPÈRES

• Quelle apparition attendue marque le passage à la scène 2 ?
Comment vous apparaît l'entrée en scène de Sganarelle ?
• Pourquoi y a-t-il changement de scène entre les scènes 2 et 3 ?
Quel est cependant le lien entre ces scènes ?

OBSERVATION

• Montrez que toute la première partie de la scène 2, jusqu'à la
l. 599, repose sur un retournement de situation. Ce procédé
comique est-il déjà apparu dans la pièce, et où ?
• Relevez les points de suspension dans la scène 2. Montrez qu'on
peut les ranger en deux catégories selon leur valeur.
• De la l. 600 à la l. 615, étudiez le langage de Géronte et de
Sganarelle. Que révèle cet échange des rapports qu'entretiennent
Géronte et Sganarelle ?
• Expliquez la réplique de Sganarelle aux l. 618-619. En quoi
marque-t-elle le lien avec une autre partie de la scène ?
• Étudiez la réplique de Sganarelle des l. 623 à 629. Vous commen-
terez notamment le décalage de niveau de langue entre l'aparté et le
discours qui suit. En quoi peut-on ici parler de parodie ?
• Le trio Sganarelle, Jacqueline, Lucas : quand commence-t-il ?
Quelles sont les feintes à la fois gestuelles et langagières de
Sganarelle, dans la scène 2, pour contourner Lucas ?
• Quelle stratégie nouvelle Sganarelle emploie-t-il, à la scène 3, face
à Lucas ? Étudiez, à travers ses trois répliques, la montée vers la
menace.

INTERPRÉTATIONS

• Sganarelle en médecin : quels avantages tire-t-il de son nouvel
habit ? Qu'en déduisez-vous sur la critique de Molière ?
• Relevez les didascalies dans les scènes 2 et 3 et étudiez le comique
gestuel. Quelles remarques vous suggère cette étude ?
• Que penser de la fin de la scène 3 ? N'y a-t-il pas quelque chose
de commun entre Jacqueline et Martine ?

Scène 4. Lucinde, Géronte, Sganarelle, Valère, Lucas, Jacqueline.

685 SGANARELLE. Est-ce là la malade ?

GÉRONTE. Oui. Je n'ai qu'elle de fille ; et j'aurais tous les regrets du monde si elle venait à mourir.

SGANARELLE. Qu'elle s'en garde bien ! Il ne faut pas qu'elle meure sans l'ordonnance du médecin.

690 GÉRONTE. Allons, un siège.

SGANARELLE, *assis entre Géronte et Lucinde*. Voilà une malade qui n'est pas tant dégoûtante, et je tiens qu'un homme bien sain s'en accommoderait assez.

GÉRONTE. Vous l'avez fait rire, Monsieur.

695 SGANARELLE. Tant mieux : lorsque le médecin fait rire le malade, c'est le meilleur signe du monde. *(À Lucinde.)* Eh bien ! de quoi est-il question ? Qu'avez-vous ? Quel est le mal que vous sentez ?

LUCINDE *répond par signes, en portant sa main à sa bouche,* 700 *à sa tête, et sous son menton.* Han, hi, hon, han.

SGANARELLE. Eh ! que dites-vous ?

LUCINDE, *continue les mêmes gestes.* Han, hi, hon, han, han, hi, hon.

SGANARELLE. Quoi ?

705 LUCINDE. Han, hi, hon.

SGANARELLE, *la contrefaisant.* Han, hi, hon, han, ha. Je ne vous entends [1] point. Quel diable de langage est-ce là ?

---

[1]. **Entends :** comprends.

GÉRONTE. Monsieur, c'est là sa maladie. Elle est devenue muette, sans que jusques ici on en ait pu savoir la cause ; et c'est un accident qui a fait reculer son mariage.

SGANARELLE. Et pourquoi ?

GÉRONTE. Celui qu'elle doit épouser veut attendre sa guérison pour conclure les choses.

SGANARELLE. Et qui est ce sot-là, qui ne veut pas que sa femme soit muette ? Plût à Dieu que la mienne eût cette maladie ! je me garderais bien de la vouloir guérir.

GÉRONTE. Enfin, Monsieur, nous vous prions d'employer tous vos soins pour la soulager de son mal.

SGANARELLE. Ah ! ne vous mettez pas en peine. Dites-moi un peu : ce mal l'oppresse-t-il beaucoup ?

GÉRONTE. Oui, Monsieur.

SGANARELLE. Tant mieux. Sent-elle de grandes douleurs ?

GÉRONTE. Fort grandes.

SGANARELLE. C'est fort bien fait. Va-t-elle où vous savez ?

GÉRONTE. Oui.

SGANARELLE. Copieusement ?

GÉRONTE. Je n'entends rien à cela.

SGANARELLE. La matière est-elle louable[1] ?

GÉRONTE. Je ne me connais pas à ces choses.

---

1. **La matière est-elle louable ? :** *la matière* désigne, elliptiquement, la matière fécale, c'est-à-dire les selles. Cette formule était d'un usage courant à l'époque.

730 SGANARELLE, *se tournant vers la malade.* Donnez-moi votre bras. *(À Géronte.)* Voilà un pouls qui marque que votre fille est muette.

GÉRONTE. Eh ! oui, Monsieur, c'est là son mal ; vous l'avez trouvé tout du premier coup.

735 SGANARELLE. Ah ! ah !

JACQUELINE. Voyez comme il a deviné sa maladie !

SGANARELLE. Nous autres grands médecins, nous connaissons d'abord[1] les choses. Un ignorant aurait été embarrassé, et vous eût été dire : « C'est ceci, c'est cela » ; mais moi, je 740 touche au but du premier coup, et je vous apprends que votre fille est muette.

GÉRONTE. Oui ; mais je voudrais bien que vous me puissiez dire d'où cela vient.

SGANARELLE. Il n'est rien de plus aisé. Cela vient de ce 745 qu'elle a perdu la parole.

GÉRONTE. Fort bien. Mais la cause, s'il vous plaît, qui fait qu'elle a perdu la parole ?

SGANARELLE. Tous nos meilleurs auteurs vous diront que c'est l'empêchement de l'action de sa langue.

750 GÉRONTE. Mais encore, vos sentiments sur cet empêchement de l'action de la langue ?

SGANARELLE. Aristote, là-dessus, dit... de fort belles choses.

GÉRONTE. Je le crois.

SGANARELLE. Ah ! c'était un grand homme !

755 GÉRONTE. Sans doute.

---

1. **D'abord :** tout de suite.

SGANARELLE. Grand homme tout à fait... *(Levant le bras depuis le coude.)* Un homme qui était plus grand que moi de tout cela. Pour revenir donc à notre raisonnement, je tiens que cet empêchement de l'action de sa langue est causé par
760 de certaines humeurs[1], qu'entre nous autres savants nous appelons humeurs peccantes ; peccantes, c'est-à-dire... humeurs peccantes ; d'autant que les vapeurs formées par les exhalaisons[2] des influences qui s'élèvent dans la région des maladies, venant... pour ainsi dire... à... Entendez-vous le
765 latin ?

GÉRONTE. En aucune façon.

SGANARELLE, *se levant avec étonnement.* Vous n'entendez point le latin ?

GÉRONTE. Non.

770 SGANARELLE, *en faisant diverses plaisantes postures.* Cabricias, arci thuram, catalamus, singulariter, nominativo haec musa, « la Muse », bonus, bona, bonum, Deus sanctus, estne oratio latinas ? Etiam, « oui ». Quare ?, « pourquoi » ? Quia substantivo et adjectivum, concordat in generi, numerum et
775 casus[3].

GÉRONTE. Ah ! que n'ai-je étudié !

JACQUELINE. L'habile homme que velà !

LUCAS. Oui, ça est si biau, que je n'y entends goutte[4].

---

1. **Humeurs** : les médecins du temps de Molière, fidèles à la théorie d'Hippocrate, pensaient que le corps humain était constitué de quatre substances liquides (bile, atrabile, flegme et sang). Les *humeurs peccantes* désignent les humeurs nocives, à l'origine des maladies.
2. **Exhalaisons :** ce qui s'exhale, émane d'un corps.
3. **Cabricias (...) casus :** cette réplique joue du non-sens et du charabia. Sganarelle mêle à des mots latins inventés des mots latins réels (avec des incorrections, des fautes de déclinaison), comme si lui revenaient, déformés, des souvenirs du *rudiment* évoqué à la première scène.
4. **Je n'y entends goutte :** je n'y comprends rien.

SGANARELLE. Or, ces vapeurs dont je vous parle, venant à
780 passer, du côté gauche où est le foie, au côté droit où est le
cœur, il se trouve que le poumon, que nous appelons en latin
armyan[1], ayant communication avec le cerveau, que nous
nommons en grec *nasmus*, par le moyen de la veine cave, que
nous appelons en hébreu *cubile*[2], rencontre en son chemin
785 lesdites vapeurs qui remplissent les ventricules de l'omoplate ;
et parce que lesdites vapeurs... comprenez bien ce raisonnement, je vous prie ; et parce que lesdites vapeurs ont une
certaine malignité[3]... Écoutez bien ceci, je vous conjure.

GÉRONTE. Oui.

790 SGANARELLE. Ont une certaine malignité qui est causée...
Soyez attentif, s'il vous plaît.

GÉRONTE. Je le suis.

SGANARELLE. Qui est causée par l'âcreté des humeurs
engendrées dans la concavité du diaphragme, il arrive que ces
795 vapeurs... Ossabandus, nequeis, nequer, potarinum, quipsa
milus[4]. Voilà justement ce qui fait que votre fille est muette.

JACQUELINE. Ah que ça est bian dit, notte homme !

LUCAS. Que n'ai-je la langue aussi bian pendue !

GÉRONTE. On ne peut pas mieux raisonner, sans doute. Il
800 n'y a qu'une seule chose qui m'a choqué : c'est l'endroit du
foie et du cœur. Il me semble que vous les placez autrement
qu'ils ne sont ; que le cœur est du côté gauche, et le foie du
côté droit.

---

1. **Armyan** : il s'agit d'un mot inventé, de même que *nasmus*, qui, d'ailleurs,
par sa terminaison en *us*, fait plus songer au latin qu'au grec...
2. **Cubile** : le mot n'a rien d'hébreu, il signifie *lit* en latin.
3. **Malignité** : propriété nuisible, nocivité.
4. **Ossabandus** (...) **quipsa milus** : nouvelle énumération de termes inventés.

SGANARELLE. Oui ; cela était autrefois ainsi : mais nous
805 avons changé tout cela, et nous faisons maintenant la médecine d'une[1] méthode toute nouvelle.

GÉRONTE. C'est ce que je ne sais pas, et je vous demande
pardon de mon ignorance.

SGANARELLE. Il n'y a point de mal ; et vous n'êtes pas obligé
810 d'être aussi habile que nous.

GÉRONTE. Assurément. Mais, Monsieur, que croyez-vous
qu'il faille faire à cette maladie ?

SGANARELLE. Ce que je crois qu'il faille faire ?

GÉRONTE. Oui.

815 SGANARELLE. Mon avis est qu'on la remette sur son lit, et
qu'on lui fasse prendre pour remède quantité de pain trempé
dans du vin.

GÉRONTE. Pourquoi cela, Monsieur ?

SGANARELLE. Parce qu'il y a dans le vin et le pain, mêlés
820 ensemble, une vertu sympathique[2] qui fait parler. Ne voyez-
vous pas bien qu'on ne donne autre chose aux perroquets, et
qu'ils apprennent à parler en mangeant de cela ?

GÉRONTE. Cela est vrai ! Ah ! le grand homme ! Vite, quantité de pain et de vin.

825 SGANARELLE. Je reviendrai voir sur le soir en quel état elle
sera. (À la nourrice.) Doucement, vous. (À Géronte.) Monsieur, voilà une nourrice à laquelle il faut que je fasse
quelques petits remèdes.

JACQUELINE. Qui ? moi ? Je me porte le mieux du monde.

---

1. D'une : selon une.
2. **Vertu sympathique** : capacité de guérir à distance.

830 SGANARELLE. Tant pis, nourrice ; tant pis. Cette grande santé est à craindre, et il ne sera pas mauvais de vous faire quelque petite saignée amiable[1], de vous donner quelque petit clystère dulcifiant[2].

GÉRONTE. Mais, Monsieur, voilà une mode que je ne
835 comprends point. Pourquoi s'aller faire saigner quand on n'a point de maladie ?

SGANARELLE. Il n'importe, la mode en est salutaire ; et, comme on boit pour la soif à venir, il faut se faire aussi saigner pour la maladie à venir.

840 JACQUELINE, *en se retirant*. Ma fi[3] ! je me moque de ça, et je ne veux point faire de mon corps une boutique d'apothicaire.

SGANARELLE. Vous êtes rétive[4] aux remèdes ; mais nous saurons vous soumettre à la raison[5]. *(Parlant à Géronte.)* Je
845 vous donne le bonjour.

GÉRONTE. Attendez un peu, s'il vous plaît.

SGANARELLE. Que voulez-vous faire ?

GÉRONTE. Vous donner de l'argent, Monsieur.

SGANARELLE, *tendant sa main derrière, par-dessous sa robe,*
850 *tandis que Géronte ouvre sa bourse.* Je n'en prendrai pas, Monsieur.

GÉRONTE. Monsieur...

SGANARELLE. Point du tout.

---

1. **Amiable** : conciliatrice (penser à l'expression : à l'amiable).
2. **Clystère dulcifiant** : lavement qui adoucit.
3. **Ma fi** : ma foi.
4. **Rétive** : récalcitrante, qui se refuse à.
5. **Vous soumettre à la raison** : vous plier, vous ramener à la raison.

GÉRONTE. Un petit moment.

855 SGANARELLE. En aucune façon.

GÉRONTE. De grâce !

SGANARELLE. Vous vous moquez.

GÉRONTE. Voilà qui est fait.

SGANARELLE. Je n'en ferai rien.

860 GÉRONTE. Eh !

SGANARELLE. Ce n'est pas l'argent qui me fait agir.

GÉRONTE. Je le crois.

SGANARELLE, *après avoir pris l'argent*. Cela est-il de poids ?

GÉRONTE. Oui, Monsieur.

865 SGANARELLE. Je ne suis pas un médecin mercenaire [1].

GÉRONTE. Je le sais bien.

SGANARELLE. L'intérêt ne me gouverne point.

GÉRONTE. Je n'ai pas cette pensée.

---

1. **Mercenaire :** qui travaille pour de l'argent. D'où : inspiré par la seule considération du gain.

Repères

• Cette scène est-elle attendue ?
• Commentez la position de cette scène dans l'ensemble de la pièce et observez sa longueur.
• Combien y a-t-il de personnages sur scène ? Qui parle le plus ? De ce simple relevé numérique, que pouvez-vous déjà déduire ?

Observation

• Expliquez l'expression de Sganarelle : « Il ne faut pas qu'elle meure sans l'ordonnance du médecin. »
• À qui s'adresse l'expression de Sganarelle : « lorsque le médecin fait rire le malade, c'est le meilleur signe du monde » ?
• Que penser des « signes » et du langage inarticulé de Lucinde ?
• Étudiez la réplique de Sganarelle : « Cabricias… casus. » D'où vient le comique ? Vous étudierez notamment la réaction de ses auditeurs.
• Montrez que la consultation se décompose en trois temps : diagnostic, cause, remède, et que chacun de ces moments exploite un comique différent. Que pensez-vous notamment de l'ordonnance de Sganarelle ?
• À quelle personne s'exprime Sganarelle ? Pourquoi ?
• Que pensez-vous de la logique de Sganarelle aux l. 819-822 ? Le mot « perroquets » n'est-il pas déjà apparu ? Et quel est l'effet de cette reprise ?
• Le duo Jacqueline-Sganarelle : montrez le lien entre cette scène et la scène précédente. Mais quelle est ici l'attitude de Jacqueline ? Vous étudierez sa répartie finale.
• Quel est le dernier mouvement de la scène ? Étudiez le rythme et le procédé comique.

Interprétations

• Que cherche avant tout Sganarelle dans cette scène, et pour ce faire, quels procédés utilise-t-il ? Relevez le paradoxe comique qu'exploite ici Molière.
• Quelles sont les failles dans son discours ? Comment se révèlent-elles ?
• La critique de Molière se limite-t-elle ici à la critique de la médecine ?

Scène 5. Sganarelle, Léandre.

Sganarelle, *regardant son argent.* Ma foi, cela ne va pas
870 mal ; et pourvu que...

Léandre. Monsieur, il y a longtemps que je vous attends ;
et je viens implorer votre assistance.

Sganarelle, *lui prenant le poignet.* Voilà un pouls qui est
fort mauvais.

875 Léandre. Je ne suis point malade, Monsieur ; et ce n'est pas
pour cela que je viens à vous.

Sganarelle. Si vous n'êtes pas malade, que diable ne le
dites-vous donc ?

Léandre. Non. Pour vous dire la chose en deux mots, je
880 m'appelle Léandre, qui suis amoureux de Lucinde, que vous
venez de visiter ; et comme, par la mauvaise humeur de son
père, toute sorte d'accès m'est fermé auprès d'elle ¦ je me
hasarde à vous prier de vouloir servir mon amour, et de me
donner lieu d'exécuter un stratagème que j'ai trouvé pour lui
885 pouvoir dire deux mots, d'où dépendent absolument mon
bonheur et ma vie.

Sganarelle, *paraissant en colère.* Pour qui me prenez-
vous ? Comment ! oser vous adresser à moi pour vous servir
dans votre amour, et vouloir ravaler la dignité de médecin à
890 des emplois de cette nature !

Léandre. Monsieur, ne faites point de bruit.

Sganarelle, *en le faisant reculer.* J'en veux faire, moi.
Vous êtes un impertinent !

---

1. **Toute sorte d'accès m'est fermé auprès d'elle** : il m'est impossible de la
rencontrer.

LÉANDRE. Eh ! Monsieur, doucement.

895 SGANARELLE. Un malavisé[1] !

LÉANDRE. De grâce !

SGANARELLE. Je vous apprendrai que je ne suis point homme à cela, et que c'est une insolence extrême...

LÉANDRE, *tirant une bourse qu'il lui donne.* Monsieur...

900 SGANARELLE, *tenant la bourse.* De vouloir m'employer... Je ne parle pas pour vous, car vous êtes honnête homme[2] ; et je serais ravi de vous rendre service : mais il y a de certains impertinents au monde qui viennent prendre les gens pour ce qu'ils ne sont pas, et je vous avoue que cela me met en colère.

905 LÉANDRE. Je vous demande pardon, Monsieur, de la liberté que...

SGANARELLE. Vous vous moquez. De quoi est-il question ?

LÉANDRE. Vous saurez donc, Monsieur, que cette maladie que vous voulez guérir est une feinte maladie[3]. Les médecins 910 ont raisonné là-dessus comme il faut ; et ils n'ont pas manqué de dire[4] que cela procédait[5], qui du cerveau, qui des entrailles, qui de la rate, qui du foie[6] ; mais il est certain que l'amour en est la véritable cause, et que Lucinde n'a trouvé cette maladie que pour se délivrer d'un mariage dont elle était 915 importunée. Mais, de crainte qu'on ne nous voie ensemble, retirons-nous d'ici, et je vous dirai en marchant ce que je souhaite de vous.

---

1. **Un malavisé** : un sot (littéralement : qui n'est pas avisé).
2. **Honnête homme** : homme du monde, agréable et distingué dans ses manières comme par l'esprit.
3. **Une feinte maladie** : une maladie factice, simulée.
4. **Ils n'ont pas manqué de dire** : ils n'ont, bien sûr, pas pu s'empêcher de dire.
5. **Procédait** : venait, provenait de.
6. **Qui du cerveau (...) du foie** : l'un du cerveau, un autre des entrailles, un autre encore...

SGANARELLE. Allons, Monsieur, vous m'avez donné pour votre amour une tendresse qui n'est pas concevable ; et j'y
920 perdrai toute ma médecine, ou la malade crèvera, ou bien elle sera à vous.

Une authentique consultation de médecin au temps de Molière.
Détail d'un tableau de Jean Steen (1626-1679).
Musée royal de La Haye.

REPÈRES

• Ne peut-on pas imaginer pour cette scène un nouveau décor, pourquoi et lequel ?
• L'apparition d'un nouveau personnage : en a-t-il déjà été question précédemment ?

OBSERVATION

• Sur quel procédé comique repose le début de la scène ?
• Étudiez, sans oublier la didascalie, la réplique de Sganarelle des l. 887 à 890. Commentez notamment l'usage du mot « emploi ». Quel est l'effet comique ?
• Quel accessoire, déjà apparu, réapparaît ici ? Étudiez le jeu scénique.
• Étudiez l'effet comique dans l'enchaînement des répliques des l. 887 à 904.
• Pourquoi Sganarelle fait-il rire le spectateur lorsqu'il dit : « Il y a de certains impertinents au monde qui viennent prendre les gens pour ce qu'ils ne sont pas » ?
• Étudiez le langage de Léandre. Quel rôle joue-t-il ici ? Ne pourriez-vous pas le rapprocher d'un autre personnage ? À quel type de comédie appartient-il ?

INTERPRÉTATIONS

• Sganarelle est-il toujours, en cette fin d'acte, un médecin malgré lui ?
• Quel coup de théâtre apparaît ici ? Avait-il été préparé ?
• En quoi peut-on dire que cette scène de clôture est l'aboutissement de l'acte ? Mais ne fait-elle pas aussi naître l'attente du spectateur ? Et à quelle nouvelle intrigue se prépare-t-il ?
• À quelle nouvelle cause Sganarelle va-t il s'appliquer désormais ? Est-ce seulement l'argent qui l'y décide ? Quelle nouvelle dimension prend alors le personnage ?

Du fagotier au médecin

La fin de l'acte I laissait le spectateur sur une interrogation : comment le faux médecin va-t-il se sortir de cette situation qu'il n'a pas voulue ? L'acte II y répond par les scènes 2, 3 et surtout 4, qui constitue le point culminant de l'acte. C'est bien Sganarelle qui, par son talent de comédien, sa capacité d'esbrouffe, domine l'acte. Il est d'ailleurs présent dans toutes les scènes, si ce n'est la première, mais où il est abondamment question de lui, et qui, en créant l'attente, constitue les coulisses de sa spectaculaire apparition en costume de médecin. De dupé, victime de la tromperie fomentée par sa femme, il devient à son tour dupeur.

Cet acte, avec son nouveau décor, constitue donc, comme le précédent, une farce à lui tout seul. On y assiste à la réussite de Sganarelle, se vengeant des coups de bâton reçus par ceux qu'il donne au vieillard, dupant Géronte par son faux savoir. Et cela pour le plus grand plaisir du spectateur finalement complice, dans cette mascarade, de Sganarelle contre le maître.

De nouveaux personnages

Des personnages apparaissent dans cet acte, certains attendus car il en avait été question dans le discours de Valère (Géronte, Lucinde, Léandre), d'autres inattendus comme c'est le cas pour Jacqueline.

Jacqueline occupe de fait une place à part. Elle n'a pas de fonction dramatique puisque sa présence ne fait pas avancer l'intrigue. Mais elle relance le comique : comique des jeux de scène (l'attirance de Sganarelle pour les tétons de la nourrice !), comique du langage paysan, comique de la querelle conjugale avec Lucas (la pirouette qu'elle lui fait subir à la scène 3), comique lié à la satire de la médecine (contrairement à son maître, à qui elle s'oppose dans ses projets de mariage, elle n'est pas dupe des ruses de Sganarelle).

Géronte obéit au type du vieillard de convention : grondeur avec Martine, voulant marier sa fille contre son gré pour de l'argent, il est finalement manœuvré par Sganarelle. Alors qu'il est le détenteur du pouvoir et de l'autorité, à la fois comme père et comme maître, il devient la principale cible du rire du spectateur. Affronté au lan-

langage cru de Martine qui lui tient tête, rossé et « volé » par Sganarelle, violenté par Lucas, et même, comme on l'apprend à la fin, dupé par sa propre fille, il est bien le dindon de la farce.

Quant à la muette Lucinde, elle apparaît grâce au coup de théâtre final, elle aussi, comme une meneuse d'intrigue. Après la vengeance de l'épouse contre un mari tyrannique, on s'attend à celle de la fille, aidée par Léandre, mais aussi désormais par Sganarelle, contre un père tout aussi tyrannique.

Le comique

On reste ici dans le ton de la farce : nouveaux coups de bâton, multiples jeux de scène. La grivoiserie s'accentue avec l'attrait de Sganarelle pour les formes de la nourrice. On retrouve aussi le comique verbal avec le patois du couple Lucas-Jacqueline, les jeux de mots de Sganarelle, les onomatopées de Lucinde.

Surtout le langage pédant de Sganarelle, avec son faux latin, ses préceptes obscurs, donne à cet acte une dimension satirique : satire des médecins, et au-delà de tous ceux qui tentent d'en imposer, de nous intimider, par leur vêtement, leur langage savant, l'exhibition de leur supériorité. Mais ce que montre Molière à travers Géronte c'est que le trompeur n'agit jamais sans le consentement actif de sa victime. Ce n'est pas Sganarelle qui fait ici l'objet d'une condamnation, mais bien le vieillard. Le représentant de l'ordre social et familial est si obnubilé par son projet — obtenir pour sa fille un riche mariage –, qu'il ne comprend rien et que, littéralement, il ne voit rien, ni du stratagème de Lucinde, ni des évidentes pitreries de Sganarelle (pensez à son magnifique diagnostic !).

ACTE III

Un lieu voisin de la maison de Géronte.

SCÈNE PREMIÈRE. LÉANDRE, SGANARELLE.

LÉANDRE. Il me semble que je ne suis pas mal ainsi pour un apothicaire ; et, comme le père ne m'a guère vu, ce changement d'habit et de perruque est assez capable, je crois, de me
925 déguiser à ses yeux.

SGANARELLE. Sans doute.

LÉANDRE. Tout ce que je souhaiterais serait de savoir cinq ou six grands mots de médecine, pour parer mon discours et me donner l'air d'habile homme.

930 SGANARELLE. Allez, allez, tout cela n'est pas nécessaire ; il suffit de l'habit : et je n'en sais pas plus que vous.

LÉANDRE. Comment ?

SGANARELLE. Diable emporte si j'entends rien[1] en médecine ! Vous êtes honnête homme, et je veux bien me confier
935 à vous comme vous vous confiez à moi.

LÉANDRE. Quoi ! vous n'êtes pas effectivement...

SGANARELLE. Non, vous dis-je ; ils m'ont fait médecin malgré mes dents[2]. Je ne m'étais jamais mêlé d'être si savant que cela ; et toutes mes études n'ont été que jusqu'en sixième.

---

1. **Si j'entends rien** : si je comprends quoi que ce soit.
2. **Malgré mes dents** : malgré moi.

940 Je ne sais point sur quoi cette imagination[1] leur est venue ;
mais, quand j'ai vu qu'à toute force ils voulaient que je fusse
médecin, je me suis résolu[2] de l'être aux dépens de qui il
appartiendra[3]. Cependant, vous ne sauriez croire comment
l'erreur s'est répandue, et de quelle façon chacun est
945 endiablé[4] à me croire habile homme. On me vient chercher
de tous les côtés ; et, si les choses vont toujours de même, je
suis d'avis de m'en tenir toute ma vie à la médecine. Je trouve
que c'est le métier le meilleur de tous ; car, soit qu'on fasse
bien, ou soit qu'on fasse mal, on est toujours payé de même
950 sorte. La méchante besogne[5] ne retombe jamais sur notre
dos ; et nous taillons comme il nous plaît sur l'étoffe où nous
travaillons. Un cordonnier, en faisant des souliers, ne saurait
gâter[6] un morceau de cuir, qu'il n'en paye les pots cassés[7],
mais ici l'on peut gâter un homme sans qu'il en coûte rien.
955 Les bévues ne sont point pour nous[8], et c'est toujours la
faute de celui qui meurt. Enfin le bon de cette profession est
qu'il y a parmi les morts une honnêteté[9], une discrétion[10] la
plus grande du monde ; et jamais on n'en voit se plaindre du
médecin qui l'a tué.

960 LÉANDRE. Il est vrai que les morts sont fort honnêtes gens[11]
sur cette matière.

---

1. **Cette imagination** : cette fable, cette invention.
2. **Je me suis résolu** : j'ai décidé.
3. **Aux dépens de qui il appartiendra** : au détriment de ceux qui seront concernés, mêlés à cette histoire.
4. **Endiablé** : entêté, enragé, comme s'il était possédé par le diable.
5. **La méchante besogne** : le travail pénible.
6. **Ne saurait gâter** : ne pourrait abîmer, détériorer.
7. **Qu'il n'en paye les pots cassés** : sans qu'il en paye les conséquences gênantes.
8. **Les bévues (...) pour nous** : on ne nous reproche pas nos bêtises, nos erreurs.
9. **Honnêteté** : civilité, politesse.
10. **Discrétion** : retenue dans les relations sociales, délicatesse, tact.
11. **Honnêtes gens** : civils, polis.

SGANARELLE, *voyant des hommes qui viennent à lui.* Voilà des gens qui ont la mine de[1] me venir consulter. *(À Léandre.)* Allez toujours m'attendre auprès du logis de votre 965 maîtresse[2].

SCÈNE 2. THIBAUT, PERRIN, SGANARELLE.

THIBAUT. Monsieur, je venons vous charcher, mon fils Perrin et moi.

SGANARELLE. Qu'y a-t-il ?

THIBAUT. Sa pauvre mère, qui a nom Parette, est dans un 970 lit, malade il y a six mois[3].

SGANARELLE, *tendant la main comme pour recevoir de l'argent.* Que voulez-vous que j'y fasse ?

THIBAUT. Je voudrions, Monsieu, que vous nous baillissiez queuque petite drôlerie[4] pour la garir.

975 SGANARELLE. Il faut voir de quoi est-ce qu'elle est malade.

THIBAUT. Alle est malade d'hypocrisie[5], Monsieur.

SGANARELLE. D'hypocrisie ?

THIBAUT. Oui, c'est-à-dire qu'alle est enflée partout ; et l'an dit que c'est quantité de sériosités[6] qu'alle a dans le corps,

---

1. **Ont la mine de :** ont l'air de.
2. **Maîtresse :** femme aimée.
3. **Il y a six mois :** depuis six mois.
4. **Que vous nous baillissiez queuque petite drôlerie :** que vous nous donnassiez (donniez) quelque petite bouffonnerie.
5. **Hypocrisie :** Thibaut confond deux mots et utilise *hypocrisie* à la place d'*hydropisie*, terme médical qui désigne un afflux de liquide dans l'abdomen. On comprend le sens de ce terme grâce à sa réplique suivante.
6. **Sériosités :** là encore, Thibaut écorche le mot. Les sérosités désignent certains liquides du corps.

980 et que son foie, son ventre, ou sa rate, comme vous voudrais l'appeler, au glieu de faire du sang, ne fait pluis que de l'iau. Alle a, de deux jours l'un[1], la fièvre quotiguienne, avec des lassitudes et des douleurs dans les mufles[2] des jambes. On entend dans sa gorge des fleumes[3] qui sont tout prêts à
985 l'étouffer ; et parfois il li prend des syncoles[4] et des conversions[5], que je crayons qu'alle est passée[6]. J'avons dans notre village un apothicaire, révérence parler[7], qui li a donné je ne sais combien d'histoires[8] ; et il m'en coûte plus d'eune douzaine de bons écus en lavements, ne v's en déplaise, en
990 apostumes[9] qu'on li a fait prendre, en infections[10] de jacinthe, et en portions cordales[11]. Mais tout ça, comme dit l'autre, n'a été que de l'onguent miton-mitaine[12]. Il velait li bailler d'eune certaine drogue que l'on appelle du vin amétile[13] mais j'ai-s-eu peur, franchement, que ça l'envoyît *a*

---

1. **De deux jours l'un** : un jour sur deux.

2. **Les mufles** : altération de *les muscles*.

3. **Fleumes** : altération de *flegmes*, mucosités qui encombrent la gorge et empêchent de respirer correctement.

4. **Syncoles** : altération de *syncopes*, terme savant pour désigner des étourdissements, des évanouissements.

5. **Conversions** : même phénomène de confusion. Thibaut veut parler, non de *conversion* (le fait de se convertir, c'est-à-dire de passer d'une croyance à une autre) mais de *convulsions* qui désignent, dans le vocabulaire médical, des contractions musculaires violentes et douloureuses.

6. **Que je crayons qu'alle est passée** : [des convulsions si fortes] que je la croyais morte.

7. **Révérence parler** : formule populaire d'excuse dont l'équivalent moderne serait « si vous me permettez de parler ainsi ». Elle porte sur l'emploi du mot *histoires*.

8. **Histoires** : en langage familier, des choses sans importance, des trucs. Le mot désigne ici les lavements.

9. **Apostumes** : confusion avec *apozèmes*, remèdes à base de plantes.

10. **Infections** : confusion avec *infusions*.

11. **Portions cordales** : mis pour *potions cordiales*, c'est-à-dire des remèdes destinés à stimuler l'activité cardiaque (on dirait aujourd'hui des remontants).

12. **De l'onguent miton-mitaine** : une pommade sans effet (*miton-mitaine* est probablement un refrain populaire).

13. **Vin amétile** : déformation de *vin émétique*, c'est-à-dire qui provoque le vomissement.

995 *patres*[1], et l'an dit que ces gros médecins tuont je ne sais combien de monde avec cette invention-là.

SGANARELLE, *tendant toujours la main, et la branlant*[2], *comme pour signe qu'il demande de l'argent.* Venons au fait, mon ami, venons au fait.

1000 THIBAUT. Le fait est, Monsieur, que je venons vous prier de nous dire ce qu'il faut que je fassions.

SGANARELLE. Je ne vous entends point du tout.

PERRIN. Monsieur, ma mère est malade ; et velà deux écus que je vous apportons pour nous bailler queuque remède.

1005 SGANARELLE. Ah ! je vous entends, vous. Voilà un garçon qui parle clairement, qui s'explique comme il faut. Vous dites que votre mère est malade d'hydropisie, qu'elle est enflée par tout le corps, qu'elle a la fièvre, avec des douleurs dans les jambes, et qu'il lui prend parfois des syncopes et des convul-
1010 sions, c'est-à-dire des évanouissements ?

PERRIN. Eh ! oui, Monsieur, c'est justement ça.

SGANARELLE. J'ai compris d'abord vos paroles. Vous avez un père qui ne sait ce qu'il dit. Maintenant vous me demandez un remède ?

1015 PERRIN. Oui, Monsieur.

SGANARELLE. Un remède pour la guérir ?

PERRIN. C'est comme je l'entendons.

---

1. **Envoyît a patres** : mis pour *envoyât ad patres*, expression latine qui signifie « auprès de nos ancêtres », c'est-à-dire chez les morts.
2. **La branlant** : la remuant.

SGANARELLE. Tenez, voilà un morceau de formage[1] qu'il faut que vous lui fassiez prendre.

1020 PERRIN. Du fromage, Monsieur ?

SGANARELLE. Oui, c'est un formage préparé, où il entre de l'or, du corail et des perles[2], et quantité d'autres choses précieuses.

PERRIN. Monsieur, je vous sommes bien obligés ; et j'allons
1025 li faire prendre ça tout à l'heure.

SGANARELLE. Allez. Si elle meurt, ne manquez pas de la faire enterrer du mieux que vous pourrez.

Philippe Torreton (Lucas), Céline Samie (Jacqueline), Loïc Brabant (Léandre), Richard Fontana (Sganarelle), Isabelle Gardien (Lucinde), Claude Lochy (Géronte) dans la mise en scène de Dario Fo, Comédie-Française, 1990.

---

1. **Formage** : la prononciation actuelle (fromage) était considérée comme populaire à l'époque de Molière.
2. **De l'or, du corail et des perles** : perles et métaux précieux étaient alors fréquemment utilisés dans la fabrication des médicaments.

Repères

• Comparez la première scène de l'acte III à celle qui clôt l'acte II. Que s'est-il passé ?
• Étudiez le passage de la scène 1 à la scène 2. En quoi peut-on dire qu'elle apparaît d'abord comme une digression ? Mais n'entretient-elle pas cependant un lien précis avec la scène précédente ? Lequel ?
• De quelle scène de l'acte II la scène 2 est-elle la reprise ? Et quelle est la différence ?

Observation

• D'un aveu l'autre : après le rebondissement à la fin de l'acte II, quel autre rebondissement apparaît dans la première scène ? Et quel lien nouveau unit les personnages ?
• Des l. 927 à 932, sur quels éléments repose la satire de la médecine ?
• Expliquez, dans la tirade finale de Sganarelle à la scène 1, les l. 937-959.
• Le langage paysan : relevez les principales impropriétés dans le discours de Thibaut.
• Les personnages de Thibaut et de Perrin ont-ils une fonction dramatique ? De quel autre personnage pourriez-vous les rapprocher ?
• De la tirade de Thibaut à sa reprise par Sganarelle, de quelle opposition Molière joue-t-il ? L'avez-vous déjà observée ailleurs dans la pièce, et où ?
• Expliquez le comique de la réponse de Sganarelle à Perrin : « Ah, je vous entends, vous. »
• Que pensez-vous du remède proposé par Sganarelle ?

Interprétations

• Que nous apprend la tirade de Sganarelle dans la première scène sur l'évolution du personnage ?
• Sur quels arguments fonde-t-il dans cette tirade son éloge de la médecine ? Sont-ils convaincants ? Quelle est la gradation ? Que révèlent la métaphore de la l. 952 et la comparaison entre le médecin et le cordonnier ?
• Regardez la dernière réplique de Sganarelle à la scène 4 de l'acte II et confrontez-la à la scène 2. Qu'en pensez-vous ?
• La consultation de Sganarelle : n'y a-t-il pas, au-delà du comique, quelque chose de terrible ici ? Vous regarderez notamment comment s'achève la première scène et quelle est la chute de la deuxième.

Scène 3. Jacqueline, Sganarelle, Lucas,
dans le fond du théâtre.

Une chambre dans la maison de Géronte.

Sganarelle. Voici la belle nourrice. Ah ! nourrice de mon cœur, je suis ravi de cette rencontre, et votre vue est la rhu-
1030 barbe, la casse et le séné[1] qui purgent toute la mélancolie[2] de mon âme.

Jacqueline. Par ma figué, Monsieu le Médecin, ça est trop bian dit pour moi, et je n'entends rien à tout votte latin.

Sganarelle. Devenez malade, nourrice, je vous prie ; deve-
1035 nez malade pour l'amour de moi. J'aurais toutes les joies du monde de vous guérir.

Jacqueline. Je sis votte servante[3] ; j'aime bian mieux qu'an ne me garisse pas.

Sganarelle. Que je vous plains, belle nourrice, d'avoir un
1040 mari jaloux et fâcheux[4] comme celui que vous avez !

Jacqueline. Que velez-vous, Monsieu, c'est pour la péni-
tence[5] de mes fautes ; et là où la chèvre est liée, il faut bian qu'alle y broute.

Sganarelle. Comment ? un rustre[6] comme cela ! un
1045 homme qui vous observe toujours, et ne veut pas que personne vous parle !

---

1. **La rhubarbe (...) le séné** : plantes laxatives d'usage courant.
2. **La mélancolie** : bile noire dont l'excès, selon les théories de l'ancienne médecine, conduisait à la tristesse. D'où : tristesse, état d'abattement.
3. **Je sis votte servante** : formule de politesse pour prendre congé ou pour mettre fin à un sujet de conversation.
4. **Fâcheux** : déplaisant.
5. **Pénitence** : châtiment, punition. En termes religieux, c'est la peine que le prêtre impose à celui qui s'est confessé en expiation de ses péchés.
6. **Un rustre** : un homme grossier et brutal.

Sganarelle. Que je vous plains, belle nourrice...
Jean Richard (Sganarelle) et Anne-Marie Mailfer (Jacqueline),
dans une mise en scène de Jean Meyer. Théâtre du Palais-Royal, 1961.

Jacqueline. Hélas ! vous n'avez rian vu encore ; et ce n'est qu'un petit échantillon de sa mauvaise humeur.

Sganarelle. Est-il possible ? et qu'un homme ait l'âme
1050 assez basse pour maltraiter une personne comme vous ? Ah ! que j'en sais[1], belle nourrice, et qui ne sont pas loin d'ici, qui se tiendraient heureux de baiser seulement les petits bouts de vos petons ! Pourquoi faut-il qu'une personne si bien faite soit tombée en de telles mains ! et qu'un franc animal[2], un
1055 brutal, un stupide, un sot... Pardonnez-moi, nourrice, si je parle ainsi de votre mari...

1. **Que j'en sais :** j'en connais.
2. **Un franc animal :** un homme aussi grossier (vocabulaire injurieux).

JACQUELINE. Eh ! Monsieur, je sais bian qu'il mérite tous ces noms-là.

SGANARELLE. Oui, sans doute, nourrice, il les mérite ; et il
1060 mériterait encore que vous lui missiez quelque chose sur la tête [1], pour le punir des soupçons qu'il a.

JACQUELINE. Il est bian vrai que si je n'avais devant les yeux que son intérêt, il pourrait m'obliger à queuque étrange chose [2].

1065 SGANARELLE. Ma foi, vous ne feriez pas mal de vous venger de lui avec quelqu'un. C'est un homme, je vous le dis, qui mérite bien cela ; et, si j'étais assez heureux, belle nourrice, pour être choisi pour... *(En cet endroit, tous deux apercevant Lucas qui était derrière eux et entendait leur dialogue, chacun*
1070 *se retire de son côté, mais le médecin d'une manière fort plaisante.)*

SCÈNE 4. GÉRONTE, LUCAS.

GÉRONTE. Holà ! Lucas, n'as-tu point vu ici notre médecin ?

LUCAS. Eh ! oui, de par tous les diantres [3], je l'ai vu, et ma femme aussi.

1075 GÉRONTE. Où est-ce donc qu'il peut être ?

LUCAS. Je ne sais ; mais je voudrais qu'il fût à tous les guèbles [4] !

GÉRONTE. Va-t'en voir un peu ce que fait ma fille.

---

1. **Quelque chose sur la tête** : il ne peut s'agir que de cornes, emblème burlesque du mari cocu.
2. **Étrange chose** : qui étonne, surprend (ici parce qu'elle contrevient aux règles de la morale).
3. **De par tous les diantres** : par tous les diables.
4. **À tous les guèbles** : à tous les diables.

Scène 5. Sganarelle, Léandre, Géronte.

Géronte. Ah ! Monsieur, je demandais où vous étiez.

1080 Sganarelle. Je m'étais amusé[1] dans votre cour à expulser le superflu de la boisson. Comment se porte la malade ?

Géronte. Un peu plus mal depuis votre remède.

Sganarelle. Tant mieux : c'est signe qu'il opère[2].

Géronte. Oui ; mais, en opérant, je crains qu'il ne l'étouffe.

1085 Sganarelle. Ne vous mettez pas en peine ; j'ai des remèdes qui se moquent de tout, et je l'attends à l'agonie.

Géronte, *montrant Léandre*. Qui est cet homme-là que vous amenez ?

Sganarelle, *faisant des signes avec la main pour montrer*
1090 *que c'est un apothicaire*[3]. C'est...

Géronte. Quoi ?

Sganarelle. Celui...

Géronte. Eh ?

Sganarelle. Qui...

1095 Géronte. Je vous entends.

Sganarelle. Votre fille en aura besoin.

---

1. **Amusé :** occupé à.
2. **Qu'il opère :** qu'il agit.
3. **Un apothicaire :** Sganarelle imite le geste qui consiste à administrer un lavement, activité ordinaire des apothicaires.

Repères
• De la scène 2 à la scène 3, montrez la rupture, notamment dans la stratégie et le discours de Sganarelle. N'y a-t-il pas cependant une continuité entre les deux scènes ? Justifiez votre réponse.
• De quelles scènes de l'acte II la scène 3 est-elle l'écho ? Marque-t-elle une progression et pourquoi ?
• Observez la longueur des scènes 4 et 5. Quelle est leur fonction essentielle ?

Observation
• Étudiez la première réplique de Sganarelle. Quel est l'effet comique de la métaphore finale ?
• Expliquez l'effet comique dans l'enchaînement des répliques de Sganarelle et de Jacqueline des l. 1039 à 1043.
• Quelle est la stratégie de Sganarelle pour obtenir les faveurs de Jacqueline ? Sur quels procédés repose l'effet parodique ? Et que pensez-vous de son dernier argument ?
• Expliquez le comique de la dernière répartie de Jacqueline.
• Relevez la didascalie finale de la scène 3. En quoi impose-t-elle une relecture de la scène ?
• Expliquez la formule de Sganarelle à la scène 5 l. 1080 et 1081. N'y a-t-il pas une allusion à un trait comique du personnage déjà apparu et où ?
• Quel est le jeu de mots dans l'expression de Sganarelle : « j'ai des remèdes qui se moquent de tout » ?
• Quel comique exploite Molière à la fin de la scène 5 ?

Interprétations
• Quelle nouvelle vengeance semble s'annoncer à la scène 3 ? Ne vous en rappelle-t-elle pas une autre ? En quoi peut-on dire que la vengeance de Jacqueline, grâce au jeu scénique, est déjà accomplie à la scène 3 ?
• Quelle autre vengeance laisse entendre la scène 4 ? Aura-t-elle des répercussions ?
• Que pensez-vous de l'attitude de Sganarelle face à Géronte à la scène 5 ? Marque-t-elle une progression ? À quel élément nouveau cela est-il dû ? Et que laisse-t-elle présager ?

SCÈNE 6. LUCINDE, GÉRONTE, LÉANDRE, JACQUELINE, SGANARELLE.

JACQUELINE. Monsieu, velà votre fille, qui veut un peu marcher.

SGANARELLE. Cela lui fera du bien. *(À Léandre.)* Allez-vous-
1100 en, Monsieur l'Apothicaire, tâter un peu son pouls, afin que
je raisonne[1] tantôt[2] avec vous de sa maladie. *(En cet endroit,
il tire Géronte à un bout du théâtre, et, lui passant un bras
sur les épaules, lui rabat la main sous le menton, avec laquelle
il le fait retourner vers lui, lorsqu'il veut regarder ce que sa
1105 fille et l'apothicaire font ensemble, lui tenant cependant[3] le
discours suivant pour l'amuser[4].)* Monsieur, c'est une grande
et subtile question entre les docteurs[5], de savoir si les femmes
sont plus faciles à guérir que les hommes. Je vous prie d'écouter ceci, s'il vous plaît. Les uns disent que non, les autres
1110 disent que oui : et moi, je dis que oui et non ; d'autant que
l'incongruité des humeurs opaques qui se rencontrent au tempérament naturel des femmes[6], étant cause que la partie brutale[7] veut toujours prendre empire sur[8] la sensitive, on voit
que l'inégalité de leurs opinions dépend du mouvement
1115 oblique du cercle de la lune ; et comme le soleil, qui darde
ses rayons sur la concavité[9] de la terre, trouve...

1. **Afin que je raisonne :** afin que je discute.
2. **Tantôt :** bientôt, dans très peu de temps.
3. **Cependant :** pendant ce temps.
4. **Pour l'amuser :** pour détourner son attention.
5. **Les docteurs :** les savants.
6. **L'incongruité des humeurs (...) des femmes :** le fait que les liquides contenus dans le corps féminin ne s'accordent pas entre eux.
7. **La partie brutale :** la partie animale en tant qu'elle s'oppose à *la partie sensitive*, c'est-à-dire celle qui appartient aux sens, à la sensibilité.
8. **Prendre empire sur :** l'emporter sur, la dominer.
9. **Concavité :** cavité, creux.

LUCINDE, *à Léandre*. Non, je ne suis point du tout capable de changer de sentiment.

GÉRONTE. Voilà ma fille qui parle ! Ô grande vertu[1] du
1120 remède ! Ô admirable médecin ! Que je vous suis obligé, Monsieur, de cette guérison merveilleuse ! et que puis-je faire pour vous après un tel service ?

SGANARELLE, *se promenant sur le théâtre, et s'essuyant le front*. Voilà une maladie qui m'a bien donné de la peine !

1125 LUCINDE. Oui, mon père, j'ai recouvré[2] la parole ; mais je l'ai recouvrée pour vous dire que je n'aurai jamais d'autre époux que Léandre, et que c'est inutilement que vous voulez me donner Horace.

GÉRONTE. Mais...

1130 LUCINDE. Rien n'est capable d'ébranler la résolution que j'ai prise.

GÉRONTE. Quoi ?...

LUCINDE. Vous m'opposerez en vain de belles raisons.

GÉRONTE. Si...

1135 LUCINDE. Tous vos discours ne serviront de rien.

GÉRONTE. Je...

LUCINDE. C'est une chose où je suis déterminée[3].

GÉRONTE. Mais...

LUCINDE. Il n'est puissance paternelle qui me puisse obliger
1140 à me marier malgré moi.

---

1. **Vertu** : pouvoir, efficacité.
2. **Recouvré** : retrouvé.
3. **Où je suis déterminée** : à laquelle je suis déterminée.

GÉRONTE. J'ai...

LUCINDE. Vous avez beau faire tous vos efforts.

GÉRONTE. Il...

LUCINDE. Mon cœur ne saurait se soumettre à cette
1145 tyrannie.

GÉRONTE. La...

LUCINDE. Et je me jetterai plutôt dans un couvent que
d'épouser un homme que je n'aime point.

GÉRONTE. Mais...

1150 LUCINDE, *parlant d'un ton de voix à étourdir*. Non. En
aucune façon. Point d'affaires. Vous perdez le temps. Je n'en
ferai rien. Cela est résolu.

GÉRONTE. Ah ! quelle impétuosité[1] de paroles ! Il n'y a pas
moyen d'y résister. *(À Sganarelle.)* Monsieur, je vous prie de
1155 la faire redevenir muette.

SGANARELLE. C'est une chose qui m'est impossible. Tout ce
que je puis faire pour votre service est de vous rendre sourd,
si vous voulez.

GÉRONTE. Je vous remercie[2]. *(À Lucinde.)* Penses-tu donc...

1160 LUCINDE. Non, toutes vos raisons ne gagneront rien sur
mon âme.

GÉRONTE. Tu épouseras Horace dès ce soir.

LUCINDE. J'épouserai plutôt la mort.

---

1. **Impétuosité** : fougue, vivacité.
2. **Je vous remercie** : formule de refus (équivalent de non merci).

SGANARELLE, *à Géronte.* Mon Dieu ! arrêtez-vous, laissez-
1165 moi médicamenter cette affaire. C'est une maladie qui la
tient, et je sais le remède qu'il y faut apporter.

GÉRONTE. Serait-il possible, Monsieur, que vous pussiez
aussi guérir cette maladie d'esprit ?

SGANARELLE. Oui ; laissez-moi faire, j'ai des remèdes pour
1170 tout ; et notre apothicaire nous servira pour cette cure. *(Il
appelle l'apothicaire et lui parle.)* Un mot. Vous voyez que
l'ardeur qu'elle a pour ce Léandre est tout à fait contraire
aux volontés du père, qu'il n'y a point de temps à perdre,
que les humeurs sont fort aigries[1], et qu'il est nécessaire de
1175 trouver promptement un remède à ce mal, qui pourrait empi-
rer par le retardement. Pour moi, je n'y en vois qu'un seul,
qui est une prise de fuite purgative[2], que vous mêlerez
comme il faut avec deux drachmes[3] de matrimonium[4] en
pilules. Peut-être fera-t-elle quelque difficulté à prendre ce
1180 remède : mais, comme vous êtes habile homme dans votre
métier, c'est à vous de l'y résoudre, et de lui faire avaler la
chose du mieux que vous pourrez. Allez-vous-en lui faire faire
un petit tour de jardin, afin de préparer les humeurs, tandis
que j'entretiendrai[5] ici son père ; mais surtout ne perdez
1185 point de temps. Au remède, vite ! au remède spécifique[6] !

---

1. **Aigries :** modifiées, corrompues.
2. **Une prise de fuite purgative :** jeu sur le double sens. Sganarelle, feignant
de proposer un lavement, invite en fait Léandre à s'enfuir avec Lucinde.
3. **Drachmes :** poids équivalant à 3,24 g.
4. **Matrimonium :** mot latin qui signifie mariage.
5. **J'entretiendrai :** j'aurai un entretien, je discuterai.
6. **Spécifique :** propre à guérir cette maladie.

Repères

• De quelle scène de l'acte II cette scène est-elle la reprise ? Mais quels sont les éléments nouveaux apparus dans l'intrigue ? Et Sganarelle a-t-il le même but ?
• Cette scène est-elle attendue ?

Observation

• Relevez la didascalie des l. 1101 à 1106 : que nous apprend-elle sur la disposition scénique des personnages et sur l'enjeu de ce début de scène ?
• Que marque la didascalie des l. 1123-1124 ?
• Commentez la réplique de Sganarelle à la l. 1124.
• Quel est le premier mot prononcé par Lucinde ? Relevez dans son discours le type de phrase dominant et les deux champs lexicaux opposés.
• Comment s'exprime, dans le duo qui l'oppose à sa fille, la défaite de Géronte ?
• Expliquez l'effet comique de la didascalie à la l. 1150.
• Comment s'y prend Sganarelle à la l. 1164 pour arrêter la colère de Géronte ?
• Qui désigne le pronom « nous » dans l'expression : « et notre apothicaire nous servira dans notre cure » ?
• Quel est le champ lexical dominant dans la dernière tirade de Sganarelle ? Expliquez : « les humeurs sont fort aigries » et « il est nécessaire de trouver promptement un remède à ce mal ». Quelle est sa stratégie ?
• Étudiez l'ordonnance de Sganarelle à Léandre. À quoi l'invite-t-il ? Vous expliquerez notamment l'effet comique du mot « matrimonium » et l'expression « prise de fuite purgative ».

Interprétations

• Relevez les trois mouvements de la scène. Quels en sont les enjeux, qu'ont-ils de commun ?
• Quels procédés comiques sont exploités de la l. 1119 à la l. 1155 ?
• En quoi la dernière tirade de Sganarelle est-elle particulièrement savoureuse ? Résumez en quelques phrases la situation d'énonciation.
• Montrez que cette scène marque le triomphe de Sganarelle.

SCÈNE 7. GÉRONTE, SGANARELLE.

GÉRONTE. Quelles drogues, Monsieur, sont celles que vous venez de dire ? il me semble que je ne les ai jamais ouï[1] nommer.

SGANARELLE. Ce sont drogues dont on se sert dans les
1190 nécessités urgentes.

GÉRONTE. Avez-vous jamais vu une insolence pareille à la sienne ?

SGANARELLE. Les filles sont quelquefois un peu têtues.

GÉRONTE. Vous ne sauriez croire comme elle est affolée[2]
1195 de ce Léandre.

SGANARELLE. La chaleur du sang fait cela dans les jeunes esprits.

GÉRONTE. Pour moi, dès que j'ai eu découvert la violence de cet amour, j'ai su tenir toujours ma fille renfermée.

1200 SGANARELLE. Vous avez fait sagement.

GÉRONTE. Et j'ai bien empêché qu'ils n'aient eu communication ensemble.

SGANARELLE. Fort bien.

GÉRONTE. Il serait arrivé quelque folie, si j'avais souffert
1205 qu'ils se fussent vus.

SGANARELLE. Sans doute.

GÉRONTE. Et je crois qu'elle aurait été fille à s'en aller avec lui.

---

1. **Ouï** : entendu.
2. **Affolée** : amoureuse à en être folle (l'équivalent actuel serait *folle de*).

SGANARELLE. C'est prudemment raisonné.

1210 GÉRONTE. On m'avertit qu'il fait tous ses efforts pour lui parler.

SGANARELLE. Quel drôle[1] !

GÉRONTE. Mais il perdra son temps.

SGANARELLE. Ah ! ah !

1215 GÉRONTE. Et j'empêcherai bien qu'il ne la voie.

SGANARELLE. Il n'a pas affaire à un sot, et vous savez des rubriques[2] qu'il ne sait pas. Plus fin que vous n'est pas bête.

SCÈNE 8. LUCAS, GÉRONTE, SGANARELLE.

LUCAS. Ah ! palsanguenne, Monsieu, vaici bian du tinta-marre ; votte fille s'en est enfuie avec son Liandre. C'était lui
1220 qui était l'apothicaire ; et velà Monsieu le Médecin qui a fait cette belle opération-là.

GÉRONTE. Comment ! m'assassiner de la façon ! Allons, un commissaire, et qu'on empêche qu'il ne sorte ! Ah ! traître ! je vous ferai punir par la justice.

1225 LUCAS. Ah ! par ma fi ! Monsieu le Médecin, vous serez pendu ! ne bougez de là seulement.

---

1. **Drôle** : voyou, personnage sans scrupules.
2. **Des rubriques** : des ruses.

SCÈNE 9. MARTINE, SGANARELLE, LUCAS.

MARTINE, *à Lucas*. Ah ! mon Dieu ! que j'ai eu de peine à trouver ce logis. Dites-moi un peu des nouvelles du médecin que je vous ai donné.

1230 LUCAS. Le velà qui va être pendu.

MARTINE. Quoi ! mon mari pendu ! Hélas ! et qu'a-t-il fait pour cela ?

LUCAS. Il a fait enlever la fille de notte maître.

MARTINE. Hélas ! mon cher mari, est-il bien vrai qu'on va 1235 te pendre ?

SGANARELLE. Tu vois. Ah !

MARTINE. Faut-il que tu te laisses mourir en présence de tant de gens ?

SGANARELLE. Que veux-tu que j'y fasse ?

1240 MARTINE. Encore, si tu avais achevé de couper notre bois, je prendrais quelque consolation[1].

SGANARELLE. Retire-toi de là, tu me fends le cœur.

MARTINE. Non, je veux demeurer pour t'encourager à la mort ; et je ne te quitterai point que je ne t'aie vu pendu.

1245 SGANARELLE. Ah !

---

1. **Je prendrais quelque consolation :** mon chagrin serait un peu soulagé.

REPÈRES

• Que s'est-il passé entre la scène 6 et la scène 7 ? Quand le lecteur en a-t-il la confirmation ?
• Comment est assurée la continuité entre la scène 6 et la scène 7 ?
• Quel est l'effet comique dans le passage de la scène 7 à la scène 8 ?

OBSERVATION

• Expliquez la première réplique de Sganarelle à la scène 7.
• Sur quel procédé comique repose la scène 7 ? En quoi le personnage de Géronte y est-il définitivement ridiculisé ?
• Expliquez la chute de la scène 7.
• Observez la longueur des scènes 8 et 9. Quel est le changement de rythme, comment l'expliquez-vous et quel est son effet ?
• La réapparition de Martine à la scène 9 : a-t-elle changé par rapport à l'acte I ? Quels sont d'abord son ton et son discours ? Vous expliquerez l'effet comique de ses trois dernières réparties.
• Expliquez le comique de l'expression de Sganarelle : « tu me fends le cœur ».

INTERPRÉTATIONS

• Quel retournement de situation s'opère aux scènes 8 et 9 par rapport à la scène 6 ? Quel est le lien entre ces deux scènes et qu'ont de commun Lucas et Martine ?
• En quoi ce retournement est-il visible dans le langage et la posture de Sganarelle dans les scènes 8 à 11 ?
• Comment Molière conjure-t-il le risque d'un dénouement tragique ? Ce risque n'est-il pas déjà apparu ?

Scène 10. Géronte, Sganarelle, Martine, Lucas.

GÉRONTE, *à Sganarelle*. Le commissaire viendra bientôt, et l'on s'en va vous mettre en lieu où l'on me répondra de vous.

SGANARELLE, *le chapeau à la main*. Hélas ! cela ne se peut-il point changer en quelques coups de bâton ?

1250 GÉRONTE. Non, non, la justice en ordonnera. Mais que vois-je ?

Scène 11. Léandre, Lucinde, Jacqueline, Lucas, Géronte, Sganarelle, Martine.

LÉANDRE. Monsieur, je viens faire paraître Léandre à vos yeux et remettre Lucinde en votre pouvoir. Nous avons eu dessein de prendre la fuite nous deux, et de nous aller marier 1255 ensemble ; mais cette entreprise a fait place à un procédé plus honnête. Je ne prétends point vous voler votre fille, et ce n'est que de votre main que je veux la recevoir. Ce que je vous dirai, Monsieur, c'est que je viens tout à l'heure de recevoir des lettres par où j'apprends que mon oncle est mort, et que 1260 je suis héritier de tous ses biens.

GÉRONTE. Monsieur, votre vertu m'est tout à fait considérable[1], et je vous donne ma fille avec la plus grande joie du monde.

---

1. **Votre vertu (...) considérable** : votre force d'âme mérite que je la prenne en considération, que je la considère avec la plus grande estime.

SGANARELLE, *à part.* La médecine l'a échappé belle !

1265 MARTINE. Puisque tu ne seras point pendu, rends-moi grâce d'être médecin, car c'est moi qui t'ai procuré cet honneur.

SGANARELLE. Oui ! c'est toi qui m'as procuré je ne sais combien de coups de bâton.

LÉANDRE, *à Sganarelle.* L'effet en est trop beau pour en gar-
1270 der du ressentiment[1].

SGANARELLE. Soit. *(À Martine.)* Je te pardonne ces coups de bâton en faveur de la dignité où tu m'as élevé[2] : mais pré-pare-toi désormais à vivre dans un grand respect avec un homme de ma conséquence[3], et songe que la colère d'un
1275 médecin est plus à craindre qu'on ne peut croire.

---

1. **L'effet en est trop beau pour en garder du ressentiment :** le résultat (le mariage des jeunes gens) est trop beau pour que Sganarelle garde le souvenir rancunier des coups de bâton.
2. **En faveur (...) élevé :** en considération de la haute charge (celle de médecin) où tu m'as fait parvenir.
3. **De ma conséquence :** de mon importance.

Repères

• Quels sont les personnages présents sur scène ? Relevez les personnages muets, comment expliquez-vous leur silence ?
• Cherchez, acte II, scène 1, la réplique qui pouvait annoncer la péripétie finale.

Observation

• Quelle est la fonction de Léandre en début de scène ?
• En quoi s'agit-il d'un dénouement de convention ? Vous paraît-il vraisemblable ?
• Sur quoi se fonde le revirement soudain de Géronte ? Analysez son effet comique. En quoi peut-on dire que ce dénouement marque le triomphe de la morale bourgeoise ?
• Étudiez l'aparté de Sganarelle. Où se situe-t-il ? Quelle est sa fonction ?
• Comment s'enchaînent les répliques de Sganarelle et de Martine l. 1265 à 1268 ?
• Expliquez la dernière réplique de Léandre. Comment Sganarelle entend-il l'expression « l'effet en est trop beau » ?
• À quel registre appartient le dernier énoncé de Sganarelle ? En a-t-il déjà proféré de semblables dans la pièce ; dans quelles scènes et face à qui ?

Interprétations

• Montrez que cette scène propose en fait deux dénouements. En quoi peut-on dire qu'ils se ressemblent et s'opposent ? Lequel vous paraît le plus intéressant ?
• Étudiez la réplique finale de Sganarelle. En quoi marque-t-elle un retour et une progression par rapport à la situation initiale ?
• Est-ce que toutes les intrigues de la pièce sont résolues à la dernière ligne ?
• La fin du *Médecin malgré lui* marque-t-elle un retour à l'ordre ? Vous paraît-elle ouverte ou fermée ? Justifiez votre réponse. Quelle fin fermée pourriez-vous proposer à la place ?

Le rythme de l'acte

L'acte III se compose de onze scènes là où les deux premiers actes en proposaient cinq. Apparemment plus long, ce dernier acte offre en fait une durée de représentation comparable aux deux autres (un nombre de pages à peu près similaire corrige la première impression de déséquilibre). Mais le rythme ici s'accélère du fait de la brièveté de certaines scènes : on peut même parler d'une certaine folie qui gagne les corps des comédiens qui apparaissent et disparaissent rapidement, s'enfuient, reviennent. Les scènes 4 et 5, puis les scènes 7 à 10 ne sont constituées que de quelques brèves répliques, et encadrent la scène la plus longue de l'acte, soit la scène 6 qui en est le centre et qui permet, grâce à la virtuosité de Sganarelle, le départ des amants. Cet acte est bien celui de la précipitation, de la succession des péripéties, de l'accumulation des coups de théâtre. On peut en dénombrer trois dont les deux premiers reposent sur le dévoilement des stratagèmes. C'est Lucinde qui révèle à son père sa ruse et qui, de fausse muette, devient une vraie bavarde ; c'est Sganarelle qui, dénoncé par Lucas, est démasqué : coup sur coup se révèlent donc la fausse malade et le faux médecin. On est alors tout prêt d'un dénouement tragique : Sganarelle va-t-il être pendu ? L'ultime rebondissement est marqué par le retour de Léandre qui, évoquant sa soudaine fortune, permet à la pièce de se clore sur un dénouement de convention : la réconciliation de tous autour du mariage entendu. Ainsi la réplique de Sganarelle à la scène 6 pourrait bien être l'emblème de tout cet acte : « Au remède, vite ! ». Or il ne peut y avoir meilleur remède que la parole qui fait triompher l'amour et la liberté.

L'émergence de la parole

L'enjeu de cet acte est en effet le jaillissement inattendu de la parole à la scène 6. Et si Lucinde, qui jusqu'alors s'est trouvée réduite à une élémentaire langue des gestes ou à la production de quelques onomatopées cocasses, retrouve la voix, c'est pour faire entendre, haut et fort, un désir transgressif qui s'oppose à la volonté paternelle :
« Oui, mon père, j'ai recouvré la parole ; mais je l'ai recouvrée pour

vous dire que je n'aurai jamais d'autre époux que Léandre, et que c'est inutilement que vous voulez me donner Horace. »

Au mutisme initial s'oppose sa « soudaine impétuosité de paroles », avec ses effets comiques, dus à un contraste saisissant. Mais ce comique de situation est appelé par un contexte dramatique. Si Lucinde a d'abord choisi de se taire, c'est parce qu'elle n'avait pas d'autre choix, renvoyée au silence, c'est-à-dire symboliquement à l'inexistence, à la mort, par un père tout-puissant et effrayant. Son mutisme n'est donc que la mise en scène théâtrale d'un état de fait, soit la situation de toutes ces jeunes filles victimes, contraintes à épouser un homme qu'elles n'ai-ment pas (le théâtre de Molière en compte beaucoup, de l'Agnès de *L'École des femmes* destinée à Arnolphe à l'Angélique de *George Dandin*, fille d'aristocrates déchus vendue par sa famille à un paysan parvenu, jusqu'à la fille d'Argan dans *Le Malade imaginaire*, qu'il a décidé de marier, contre son gré, à un médecin). Que l'on frôle là une situation tragique, c'est ce dont témoigne la réplique de Lucinde qui, répondant à Géronte – « Tu épouseras Horace dès ce soir » –, évoque un possible suicide : « J'épouserai plutôt la mort. »

Assujettie à la loi sociale selon laquelle le père a tout droit sur son enfant, Lucinde, dans cette scène, accède au discours, c'est-à-dire à l'expression de son désir, et le spectateur assiste, ravi de ce coup de théâtre, à son émancipation joyeuse. Reste que c'est là, dans la pièce, son unique prise de parole. Dans l'ultime scène de la pièce, Lucinde, présente sur scène, revient à son mutisme, tandis que Léandre, qui a gagné sa légitimité de futur gendre grâce à l'argent, a seul droit à la parole. Ce n'est donc pas tant le désir de Lucinde qui triomphe que, grâce à un rebondissement très convenu, la loi du père ! Aussi le silence final de Lucinde apparaît-il ambigu. Bien sûr il signifie que Lucinde, comblée, n'a désormais plus rien à solliciter, mais on peut le lire aussi comme un retour à l'ordre masculin. Lucinde est désormais passée de l'autorité du père à celle du mari, dont l'on a vu dans toute la pièce à quel point, fondée sur la vio-lence, elle réduit les femmes au silence et à l'obéissance. Tel est d'ailleurs le sens de l'ultime réplique de Sganarelle qui sonne comme un rappel à l'ordre.

Sganarelle : du faux médecin au médecin imaginaire

L'acte III marque le triomphe de Sganarelle. Ce triomphe est sanctionné par la scène 6 où il apparaît comme le maître de la parole et du jeu, arpentant la scène, imposant le silence, choisissant son interlocuteur, abusant Géronte, organisant, en véritable metteur en scène, la distribution de l'espace, et se comportant même en génial dramaturge, capable, par l'invention rapide d'une stratégie libératrice, de dénouer le nœud d'une situation bloquée, lorsque, dans sa dernière tirade, il permet aux amants de s'enfuir. Mais à ce triomphe fait suite un violent retour de bâton. Sganarelle, dénoncé par Lucas, est successivement confronté à la vengeance de Géronte et à celle de Martine dont le retour permet la cohérence de l'intrigue. Et c'est à son tour, après l'éblouissante virtuosité verbale de la scène 6, de se trouver réduit au mutisme dans la scène 8, puis à quelques « Ah » dans la scène 9. Il en vient même, ôtant son chapeau – cette perte de l'attribut du médecin jouant comme une destitution symbolique –, à solliciter, contre la sanction de pendaison, « quelques coups de bâton », ce qui nous renvoie à l'image de Sganarelle rossé à la fin de l'acte I. La pièce marquerait-elle donc l'absolu triomphe de Martine ?

Pourtant ce n'est pas à elle que Molière a laissé le mot de la fin, mais bien à Sganarelle. Or, dans son ultime réplique adressée à sa femme, et qui fait écho à la première réplique de la pièce, Sganarelle retrouve sa position de « maître », position encore accrue par son rôle de médecin, dont il joue une dernière fois, en s'en servant comme d'une menace. De médecin malgré lui, Sganarelle est bien devenu un médecin sûr de lui et de son pouvoir, comme s'il était lui-même la dupe de la comédie qu'il a créée, métamorphosé en médecin imaginaire, victime de ses fictions, comme le sera plus tard Argan, ce faux malade persuadé qu'il en est un vrai…

Aussi, si *Le Médecin malgré lui*, notamment à travers le couple Sganarelle-Géronte, peut être lu comme la revanche des faibles contre les forts, reste que ce n'est pas si simple. Car l'ultime parole de la pièce, tout comme la première, est bien une parole de tyran, qui marque même un degré supérieur dans la tyrannie. Tout se passe comme si désormais Sganarelle, face à Martine, n'avait plus besoin de se munir d'un bâton. L'arme sociale que représente l'habit de médecin, bien plus redoutable, lui suffit.

Comment lire l'œuvre

ACTION
ET PERSONNAGES

L'action

L'action du *Médecin* peut paraître disparate avec, à partir d'une situation initiale dont est informé le spectateur au premier acte, une succession d'intrigues : à l'acte I, la vengeance de Martine, aux actes II et III, avec un changement de lieu scénique, Sganarelle en faux médecin, ce qui laisse place à une intrigue secondaire, la séduction de Jacqueline et la vengeance du mari jaloux, enfin le triomphe des amoureux.

ACTE I
EXPOSITION

> Scène 1 (Sganarelle en fagotier et en mari violent)
> Scène 4 (informations fournies par Valère)

INTRIGUES

> Scènes 3 et 4 (la vengeance de Martine)
> Scène 4 (quête d'un médecin pour Lucinde)

La scène 4 permet l'emboîtement des deux intrigues avec deux questions laissées en attente : comment Sganarelle va-t-il se sortir de ce rôle de médecin malgré lui imposé par Martine ? Qu'en est-il de Lucinde, de sa maladie et de son mariage ? On peut alors proposer un découpage de la pièce selon que les scènes offrent un prolongement, une réponse à l'une ou l'autre de ces intrigues, en voyant justement que certaines scènes conjuguent les deux.

ACTE II, ACTE III
1. INTRIGUE LIÉE À LUCINDE

Acte II, scènes 1, 4 (1re apparition de Lucinde) et scène 5 (1re apparition de Léandre, coup de théâtre)
Acte III, scènes 1, 4, 5, 6 (Lucinde parle), 7, 8, 11 (dernier coup de théâtre et dénouement)

2. INTRIGUE LIÉE AU NOUVEAU RÔLE DE SGANARELLE

Acte II, scènes 2, 3 et 4
Acte III, scènes 2, 3, 8, 9 (retour de Martine), 10

Le nœud de l'action est constitué par les projets de mariage opposés de Géronte et de Lucinde : cette intrigue est résolue par la levée des obstacles à la dernière scène. Quant à celle qui est liée au rôle de Sganarelle, elle reste, malgré le démasquage du personnage à la scène 8, ouverte : ayant décidé de rester médecin, il pourra continuer à profiter de son habit...

• En vous fondant notamment sur la longueur des actes, les décors et la multiplicité des intrigues, vous montrerez en quoi la structure du *Médecin malgré lui* peut paraître éclatée.
• Quels sont cependant les éléments qui assurent la cohérence de la pièce ? Vous en trouverez au moins trois.

Les personnages

Sganarelle

« C'est à moi de parler et d'être le maître. »

Sganarelle, acte I, scène 1.

Sganarelle, le personnage le plus présent sur scène, est non seulement celui qui parle le plus dans la pièce, mais encore celui qui use de la parole avec le plus d'habileté, capable de séduire, d'éblouir son auditoire, qu'il s'agisse des personnages présents sur scène, souvent réduits au rôle d'auditeurs admiratifs, ou de nous, spectateurs, « bluffés », dès la première scène, par sa maîtrise du verbe. Sganarelle est à l'origine un fagotier, mot qui en dit long sur les facultés du personnage. Car si « fagotier » désigne le métier de Sganarelle, Molière joue d'emblée sur le sens figuré : proverbialement, dans la langue du XVIIᵉ siècle, un homme conte des fagots quand il dit des choses fabuleuses. La fonction, à la fois poétique et satirique, de Sganarelle dans la pièce est bien de débiter des sornettes, de monter des pièges, de « faire une farce » à ceux qui, bernés par tant d'inventivité, se trouvent dupés.

Le personnage manifeste un exceptionnel talent de diseur, de conteur, de raisonneur, de bonimenteur. Il parvient à tromper Géronte et les deux paysans, à séduire, même si elle résiste, Jacqueline, à ridiculiser le pauvre Lucas. Certes la pièce est une condamnation des apparences sociales où l'on assiste à la promotion sociale d'un faux médecin : son déguisement et son langage pédant font de lui un fourbe à l'égal du fourbe dangereux qu'était Tartuffe le faux dévot, tout aussi hanté que son prédécesseur par la chair et le désir de s'enrichir. Mais Sganarelle est aussi l'emblème du comédien, celui qui, par ses prouesses, fait triompher la comédie. À ce titre, n'oublions pas que Molière lui-même jouait le rôle, et que Sganarelle sur scène, comme autrefois Mascarille qui se proclamait « *Fourbum imperator* », est l'incarnation même du masque de comédie. Joyeux, chantant, insolent, toujours en mouvement, et surtout « habile homme », il est ce personnage tout-puissant qui sape l'autorité d'un vieillard cupide, sème le désordre dans un univers social et familial fondé sur le respect et l'obéissance. Ainsi obéit-il au sens étymologique de son nom : le verbe italien « *sganare* » qui signifie désabuser, détromper. Sganarelle exhibe sur scène la duplicité, l'hypocrisie d'une société, permettant ainsi au spectateur une prise de conscience, se livrant à un véritable travail de démasquage.

Mais Sganarelle n'est d'abord qu'un acteur « *malgré lui* », manipulé par Martine. Coups de bâton, feintes, immense déploiement de langage : et si tout cela n'était rien face au pouvoir efficace et silencieux des femmes ?

Les personnages féminins

« Et qui est ce sot-là, qui ne veut pas que sa femme soit muette ?
Plût à Dieu que la mienne eût cette maladie ! »

Sganarelle, acte II, scène 4.

La scène inaugurale du *Médecin malgré lui* est une scène de ménage. On peut y voir la reprise d'un motif essentiel de la farce qui permet le jaillissement des injures, la succession des répliques du tac au tac, l'irruption comique des coups de bâton. Mais, outre ce jeu avec la tradition, la querelle qui oppose hommes et femmes est bien le moteur essentiel de la pièce. Sans cesse les femmes s'opposent à l'autorité masculine, incarnée tour à tour par Sganarelle, Géronte et Lucas. Qu'il s'agisse de se venger pour vaincre la violence d'un mari (Martine), de se taire pour conjurer la volonté arbitraire d'un père (Lucinde), ou de s'exprimer face à tous pour déjouer le pouvoir abusif d'un époux, d'un maître ou d'un médecin (Jacqueline), les trois personnages féminins de la pièce sont unis par un même but : contrarier l'autorité masculine qui toujours s'exprime par la violence, l'ordre, et impose le silence.

À ce titre, il faut remarquer une étrange ressemblance entre Sganarelle qui, à l'acte II, affirme qu'il préfère une femme muette, Lucas qui, toujours à l'acte II, rabroue Jacqueline et prend le parti de son maître, et Géronte qui, à l'acte III, récrimine contre la soudaine « impétuosité de paroles » de sa fille, allant même jusqu'à dire qu'il la préférait malade ! La femme est bien celle qu'il faut faire taire… Léandre échappera-t-il, dans la suite de la pièce, à sa fonction de mari tyrannique ? Rien n'est moins sûr. Et si Lucinde s'émancipe de l'autorité paternelle dans cette pièce (qui apparaît dès lors comme une nouvelle « école des femmes », ou comment l'intelligence vient aux filles par l'amour), elle n'en reste pas moins une « victime » potentielle qui se plie en fait aux désirs intéressés de son père en réalisant un riche mariage. Martine et Jacqueline, issues du même monde social, sont donc finalement les plus fortes, celles qui, par leur expérience, leur savoir, leur insolence, l'emportent sur l'innocence de la jeune première.

Les valets paysans

Le valet paysan est le valet type de la farce française, dont l'ancêtre littéraire est Thibaut l'Agnelet, le valet champêtre et balbutiant de *La Farce de Maître Pathelin*. Médiocre intrigant, il n'a rien à voir avec les *zanni* italiens, véritables meneurs de jeu dans la comédie d'intrigue. Molière lui fit place dans ses premières farces comme *Le Médecin volant* ou *Le Dépit amoureux* où il portait le masque enfariné de l'acteur Duparc, spécialisé dans les rôles de bouffon et célèbre pour son embonpoint. Car le valet paysan est d'abord un corps grotesque : balourd, maladroit, il est par sa présence scénique, sa gestuelle, en opposition comique avec la légèreté, la mobilité bondissante du valet d'intrigue, Mascarille, Sganarelle ou Scapin.

Les valets paysans sont ici Lucas, son pendant féminin Jacqueline, et Thibaut. Venus de la campagne, mal dégrossis, ils se caractérisent par leur jargon, véritable langue dans la langue qui devait pourtant rester compréhensible au public parisien, marquée par les jurons, les impropriétés grammaticales, les confusions lexicales (ainsi « hypocrisie » pour « hydropisie »). Mais ce parler populaire n'est en rien l'imitation de ce que pouvait être la véritable langue des paysans à l'époque de Molière. Aucune volonté réaliste ici, mais une fantaisie qui permet au spectateur de rire de ces fautes d'autrui, de se libérer des contraintes de la grammaire.

Géronte

Géronte, comme son nom l'indique, est un vieillard qui nous renvoie à la figure du vieillard ridicule, au type de Pantalon dans la *commedia dell'arte* : laid, maniaque, peureux, il est objet de dérision. Mais ce type comique, Molière le met ici en situation : il est la figure du maître, du bourgeois qui a plusieurs domestiques à son service. Sa maison, qui sert de cadre aux deux tiers de la pièce, s'oppose au décor du premier acte, à ces « simples lieux » où les personnages se disputent, se rencontrent, vont et viennent, dans une liberté de mouvement et d'expression. « J'ai su tenir toujours ma fille enfermée » : la maison de Géronte, comme l'était celle d'Arnolphe dans *L'École des femmes* pour Agnès, est le lieu de l'enfermement, de la séquestration sur lequel règne un maître absolu. On n'est finalement, n'était la folie que va y introduire Sganarelle, pas très loin ici du lieu tragique, de ce lieu étouffant d'où l'on ne peut sortir que sous peine de mort.

Dans sa première apparition à l'acte II, Géronte, entouré de ses domestiques, parle en maître, sûr d'être écouté et obéi : il donne des ordres, réprimande Martine qui ose s'opposer à lui, rappelle ses volontés. Mais telle est la force de l'intrusion joyeuse de Sganarelle : son autorité va être aussitôt ridiculisée par les coups de bâton qu'il lui assène, et, dupé par le langage de ce bûcheron beau parleur, il va devenir la victime de la comédie, voire la proie de tous ceux qui sont ligués contre lui, ne bénéficiant que de l'aide, bien peu efficace et comique, de Lucas. Surtout, d'abord maître de la parole, il va s'en trouver destitué. D'abord réduit au rôle d'auditeur par Sganarelle, il va être littéralement dépossédé de sa voix lorsque Lucinde, à la scène 6 de l'acte III, retrouve la sienne ! Ce renversement de situation est symbolique de sa perte de pouvoir. Et celui qui s'exprime en maître, à la dernière réplique de la pièce, ce n'est plus Géronte, mais Sganarelle qui, d'une certaine façon, lui a volé, outre son argent, sa position de discours.

La revanche des faibles

Le Médecin malgré lui peut être lu comme la vengeance des faibles contre les forts et la remise en cause de l'autorité : celle de l'époux, celle du père, et surtout, à travers le couple Géronte-Sganarelle, celle du maître.

Du côté des maris

Sganarelle et Lucas, malgré leurs différences (virtuosité pour l'un, balourdise physique et verbale pour l'autre) et malgré leur qualité de rivaux (Lucas est jaloux de Sganarelle), sont les deux figures de mari dans la pièce, nourrissant tous deux une conception tyrannique de la vie conjugale. Voir par exemple les injures et les coups de bâton de la première scène, mais aussi le « Morgué ! tais-toi » qu'assène Lucas à sa femme, acte II, scène 1.

À leur autorité, la pièce va opposer la vengeance des femmes, celle, menée jusqu'au bout, de Martine, mais aussi, dans une intrigue secondaire, celle de Jacqueline qui se plaint de la « mauvaise humeur » de Lucas (acte III, scène 3). Ces personnages, en témoignent leurs prénoms si proches, et le fait que quand l'une disparaît, l'autre apparaît (à l'acte II, Martine est absente, remplacée par Jacqueline ; à l'acte III, quand Martine revient, Jacqueline n'est plus qu'une présence muette), sont deux personnages complémentaires et comme substituables. Pour l'une et l'autre, le mari représente l'autorité dont elles se jouent et qu'elles réussissent à ridiculiser. Martine surtout, tout autant que son mari, a le génie de l'intrigue. Grâce à sa ruse, elle parvient à faire battre celui qui l'avait battue : première revanche du dominé contre le dominant.

Le père

C'est Géronte qui incarne ici l'autorité paternelle, une autorité inflexible qui ne se soucie nullement des désirs réels de sa fille et s'exprime sur le mode impersonnel de la loi : « Ce Léandre n'est pas ce qu'il lui faut ». Son unique souci est un mariage financièrement bénéfique, et à Jacqueline qui lui rappelle la loi naturelle du « cœur », il oppose la fixité obsessionnelle de sa volonté, prêt à lui sacrifier le bonheur de sa fille, devenant même, en vrai bourreau domestique, son geôlier. En cela, reflet de la société du XVIIe siècle, Géronte représente sur scène l'autorité absolue du chef de famille telle que l'énonce très prosaïquement – et cette maladresse langagière, cette pauvreté argumentative sont déjà un signe de satire – Lucas : « Monsieur est le père de sa fille, et il est bon et sage pour voir ce qu'il lui faut. » Belle tautologie qui ne prouve rien ! Or là encore Géronte va se heurter à la subtilité féminine. C'est d'abord Jacqueline qui tient le discours de l'amour, contre celui, bourgeois, de l'intérêt. C'est ensuite Lucinde qui, non seulement parvient à différer le mariage qu'elle refuse grâce à la ruse, mais qui, bien plus, s'oppose violemment à son père à l'acte III, faisant entendre haut et fort sa rébellion. Et c'est ici la naissance à l'amour qui permet à Lucinde de prendre la parole, comme si, au droit du plus fort, à son système de contrainte, incarné par le vieillard, Molière opposait les forces jeunes et vitales du désir.

Le maître

Géronte incarne deux autorités, celle du père, celle du maître, et cumule autorité familiale et autorité sociale : il est le riche bourgeois servi par des domestiques dont le servile Lucas. Or, à travers le couple Géronte-Sganarelle, même si Sganarelle n'a pas dans la pièce statut de valet (mais il l'est dans beaucoup d'autres pièces de Molière et représente ici, comme cela est souligné au premier acte, une condition sociale inférieure), c'est bien symboliquement d'un affrontement maître-serviteur qu'il s'agit, un affrontement farcesque dont Sganarelle sort vainqueur.

En ce sens, Sganarelle apparaît comme l'héritier du « fou » lié au carnaval et qui, le temps de la fête, consacre l'inversion des valeurs, la revanche joyeuse des faibles sur les puissants. Son talent de « faiseur de fagots », sa facilité verbale, sa gestuelle agile ont raison du maître qu'il parvient à rosser et qu'il réduit au silence. L'espace de la comédie, comme l'espace du carnaval, la raillerie populaire, l'amour de la vie (Sganarelle est un bon vivant, paillard et buveur) l'emportent sur l'esprit de sérieux incarné par le maître. Dans une perspective sociale, cette revanche de l'homme du peuple contre le bourgeois, dont l'on verra la dernière incarnation moliéresque à travers Scapin, permet déjà de voir chez Sganarelle la figure emblématique du valet subversif dont le Figaro de Beaumarchais, un siècle plus tard, sera l'aboutissement.

Correspondances

La figure de l'époux et du père dans le théâtre de Molière
• Orgon dans *Le Tartuffe*.
• Argan dans *Le Malade imaginaire*.
• Arnolphe dans *L'École des femmes*, acte III, scène 2.
• Harpagon dans *L'Avare*, acte I, scène 4.

L'opposition féminine dans le théâtre de Molière
• Agnès dans *L'École des femmes*, acte V, scène 4.
• Toinette dans *Le Malade imaginaire*, acte I, scène 5.
• Dorine dans *Le Tartuffe*, acte II, scène 2.

De quelques valets rusés et insolents : vers la satire sociale
• La Flèche dans *L'Avare*, acte I, scène 3.
• Scapin dans *Les Fourberies de Scapin*, acte II, scène 5.
• Trivelin dans *La Fausse Suivante* de Marivaux, acte I, scène 1.
• Figaro dans *Le Mariage de Figaro* de Beaumarchais, acte V, scène 3.

—1

• La Flèche est le valet d'Harpagon. C'est ici la première apparition du duo. Le maître, qui soupçonne son valet de le voler, vient de fouiller ses « hauts-de-chausses », c'est-à-dire ses pantalons.

« **La Flèche.** – Ah ! qu'un homme comme cela mériteroit bien ce qu'il craint ! et que j'aurois de joie à le voler !

Harpagon. – Euh ?

La Flèche. – Quoi ?

Harpagon. – Qu'est-ce que tu parles de voler ?

La Flèche. – Je dis que vous fouillez bien partout, pour voir si je vous ai volé.

Harpagon. – C'est ce que je veux faire.

(Il fouille dans les poches de La Flèche.)

La Flèche. – La peste soit de l'avarice et des avaricieux !

Harpagon. – Comment ? que dis-tu ?

La Flèche. – Ce que je dis ?

Harpagon. – Oui : qu'est-ce que tu dis d'avarice et d'avaricieux ?

La Flèche. – Je dis que la peste soit de l'avarice et des avaricieux !

Harpagon. – De quoi veux-tu parler ?

La Flèche. – Des avaricieux.

Harpagon. – Et qui sont-ils ces avaricieux ?

La Flèche. – Des vilains et des ladres.

Harpagon. – Mais qu'est-ce que tu entends par là ?

La Flèche. – De quoi vous mettez-vous en peine ?

Harpagon. – Je me mets en peine de ce qu'il faut.

La Flèche. – Est-ce que vous croyez que je veux parler de vous ?

Harpagon. – Je crois ce que je crois ; mais je veux que tu me dises à qui tu parles quand tu dis cela.

La Flèche. – Je parle… je parle à mon bonnet.

Harpagon. – Et moi, je pourrois bien parler à ta barrette.

La Flèche. – M'empêcherez-vous de maudire les avaricieux ?

Harpagon. – Non ; mais je t'empêcherai de jaser, et d'être insolent. Tais-toi.

La Flèche. – Je ne nomme personne.

Harpagon. – Je te rosserai, si tu parles.

La Flèche. – Qui se sent morveux, qu'il se mouche.

Harpagon. – Te tairas-tu ?

La Flèche. – Oui, malgré moi.

Harpagon. – Ha, ha !

La Flèche, *lui montrant une des poches de son justaucorps.* – Tenez, voilà encore une poche : êtes-vous satisfait ?

Harpagon. – Allons, rends-le moi sans te fouiller.

La Flèche. – Quoi ?

Harpagon. – Ce que tu m'as pris.

La Flèche. – Je ne vous ai rien pris du tout.

Harpagon. – Assurément ?

La Flèche. – Assurément.

Harpagon. – Adieu : va-t'en à tous les diables.

La Flèche. – Me voilà bien congédié.

Harpagon. – Je te le mets sur ta conscience, au moins. Voilà un pendard de valet qui m'incommode fort, et je ne me plais point à voir ce chien de boiteux-là. »

Molière, L'Avare, acte I, scène 3.

2

• Scapin, valet d'Octave, pour seconder les amours de son maître qui s'est marié en l'absence de son père, doit arracher de l'argent au vieillard. Scapin invente alors une fable : il serait allé trouver « le frère de cette fille qui a été épousée » qui accepterait de casser le mariage, moyennant finance. Il devient ici, face à Argante, un véritable comédien faisant parler cet être imaginaire.

« **Scapin.** – (...) "Nous voilà au temps, m'a-t-il dit, que je dois partir pour l'armée. Je suis après à m'équiper et le besoin que j'ai de quelque argent me fait consentir malgré moi à ce qu'on me propose. Il me faut un cheval de service et je n'en saurais avoir un qui soit tant soit peu raisonnable, à moins de soixante pistoles."

Argante. – Hé bien ! pour soixante pistoles je les donne.

Scapin. – "Il faudra le harnais et les pistolets, et cela ira bien à vingt pistoles encore."

Argante. – Vingt pistoles et soixante, ce serait quatre-vingts.

Scapin. – Justement.

Argante. – C'est beaucoup ; mais soit, je consens à cela.

Scapin. – "Il me faut aussi un cheval pour monter mon valet, qui coûtera bien trente pistoles."

Argante. – Comment, diantre ! Qu'il se promène, il n'aura rien du tout !

Scapin. – Monsieur !

Argante. – Non : c'est un impertinent.

Scapin. – Voulez-vous que son valet aille à pied ?

Argante. – Qu'il aille comme il lui plaira, et le maître aussi !

Scapin. – Mon Dieu, Monsieur, ne vous arrêtez point à peu de chose. N'allez point plaider, je vous prie, et donnez tout pour vous sauver des mains de la justice.

Argante. – Hé bien ! soit, je me résous à donner ces trente pistoles.

Scapin. – "Il me faut encore, a-t-il dit, un mulet pour porter…"

Argante. – Oh ! qu'il aille au diable avec son mulet ! C'en est trop, et nous irons devant les juges.

Scapin. – De grâce, Monsieur…

Argante. – Non, je n'en ferai rien.

Scapin. – Monsieur, un petit mulet.

Argante. – Je ne lui donnerais seulement pas un âne.

Scapin. – Considérez…

Argante. – Non, j'aime mieux plaider. »

Molière, *Les Fourberies de Scapin*, acte II, scène 5.

3

• Dans la première scène de *La Fausse Suivante*, Trivelin, privé d'emploi, rencontre une vieille connaissance, Frontin, qui lui demande de ses nouvelles.

« **Trivelin.** – Que dirais-je enfin ? Tantôt maître, tantôt valet ; toujours prudent, toujours industrieux ; ami des fripons par intérêt, ami des honnêtes gens par goût ; traité poliment sous une figure, menacé d'étrivières sous une autre ; changeant à propos de métier, d'habit, de caractère, de mœurs ; risquant beaucoup, résistant peu ; libertin dans le fond, réglé dans la forme ; démasqué par les uns, soupçonné par les autres, à la fin équivoque à tout le monde, j'ai tâté de tout ; je dois partout ; mes créanciers sont de deux espèces : les uns ne savent pas que je leur dois ; les autres le savent et le sauront longtemps. J'ai logé partout sur le pavé, chez l'aubergiste, au cabaret, chez le bourgeois, chez l'homme de qualité, chez moi, chez la justice, qui m'a souvent recueilli dans mes malheurs ; mais ses appartements sont trop tristes et je n'y faisais que des retraites ; enfin mon ami, après quinze ans de soins, de travaux et de peines, ce malheureux paquet est tout ce qui me reste ; voilà ce que le monde m'a laissé, l'ingrat ! après ce que j'ai fait pour lui ! tous ses présents, pas une pistole. »

Marivaux, La Fausse Suivante, acte I, scène 1.

4

• Figaro doit épouser la camériste de la comtesse Suzanne, dont il est amoureux, mais le comte la courtise lui aussi. Suzanne et la comtesse ont inventé un stratagème : ayant échangé ses vêtements avec ceux de sa camériste, c'est la comtesse qui se rend au rendez-vous fixé par le comte. Mais Figaro, ignorant la ruse, se croit trahi par Suzanne et en vient à douter de lui-même. Voici comment s'ouvre et se clôt son long monologue.

« **Figaro,** *seul, se promenant dans l'obscurité, dit du ton le plus sombre.* – Ô femme ! femme ! femme ! créature faible et décevante !… nul animal créé ne peut manquer à son instinct : le tien est-il donc de tromper ?… Après m'avoir obstinément refusé quand je l'en pressais devant sa maîtresse ; à l'instant qu'elle me donne sa parole, au milieu même de la cérémonie… Il riait en lisant, le perfide ! et moi comme un benêt… Non, monsieur le Comte, vous ne l'aurez pas… vous ne l'aurez pas. Parce que vous êtes un grand seigneur, vous vous croyez un grand génie !… Noblesse, fortune, un rang, des places, tout cela rend fier ! Qu'avez-vous fait pour tant de biens ? Vous vous êtes donné la peine de naître, et rien de plus. Du reste, homme assez ordinaire ; tandis que moi, morbleu ! perdu dans la foule obscure, il m'a fallu déployer plus de science et de calculs, pour subsister seulement, qu'on en a mis depuis cent ans à gouverner toutes les Espagnes : et vous voulez jouter… […] Ô bizarre suite d'événements ! Comment cela m'est-il arrivé ?

Pourquoi ces choses et non pas d'autres ? Qui les a fixées sur ma tête ? Forcé de parcourir la route où je suis entré sans le savoir, comme j'en sortirai sans le vouloir, je l'ai jonchée d'autant de fleurs que ma gaieté me l'a permis ; encore je dis ma gaieté sans savoir si elle est à moi plus que le reste, ni même quel est ce "moi" dont je m'occupe : un assemblage informe de parties inconnues ; puis un chétif être imbécile, un petit animal folâtre ; un jeune homme ardent au plaisir, ayant tous les goûts pour jouir, faisant tous les métiers pour vivre ; maître ici, valet là, selon qu'il plaît à la fortune ; ambitieux par vanité, laborieux par nécessité, mais paresseux… avec délices ! orateur selon le danger ; poète par délassement ; musicien par occasion ; amoureux par folles bouffées, j'ai tout vu, tout fait, tout usé. Puis l'illusion s'est détruite et, trop désabusé… Désabusé… ! Suzon, Suzon, Suzon ! que tu me donnes de tourments !… J'entends marcher… on vient. Voici l'instant de la crise. *(Il se retire près de la première coulisse à sa droite.)* »

Beaumarchais, Le Mariage de Figaro, acte V, scène 3.

La satire de la médecine

Depuis les farces et divertissements donnés lors des tournées en province, jusqu'au *Médecin malgré lui* et, plus tard, en une sorte d'apothéose bouffonne, *Le Malade imaginaire*, Molière n'a cessé de mettre en scène la médecine et les médecins. S'il s'agit d'une tradition comique vivante depuis l'Antiquité, cette satire, qui prend naissance dans un contexte historique, scientifique et philosophique, prend chez Molière l'aspect d'une lutte contre l'obscurantisme de son époque et plus largement d'une dénonciation des apparences sociales.

Une tradition comique

Il existe au théâtre une tradition du médecin ridicule. Les sujets du *Médecin volant* et du *Médecin malgré lui* viennent du théâtre italien et espagnol. Sganarelle en médecin et Léandre en apothicaire exhibent un costume (l'ample robe noire et le fameux chapeau pointu), une posture de sérieux, des attributs (même s'il n'est pas cité dans les didascalies, on peut imaginer Léandre muni du célèbre clystère) qui suscitent d'emblée le rire du spectateur. À ce comique des corps et des jeux de scène (voir Sganarelle contrefaisant l'apothicaire à la scène 5 de l'acte III), s'adjoint le comique verbal. Ce comique est non seulement lié à l'intrusion d'un langage pseudo-savant (le vocabulaire technique de la médecine et, plus mystérieux encore, le latin), mais encore aux allusions triviales aux fonctions corporelles (« la matière est-elle louable ? ») telles qu'on les trouve dans les farces médiévales ou les textes de Rabelais.

La médecine de Sganarelle

Si Sganarelle est un faux médecin, son discours est cependant un reflet de ceux que tenaient les médecins contemporains de Molière. Ainsi, fidèle à la théorie des humeurs issue de l'Antiquité, Sganarelle cite-t-il Hippocrate dont la Faculté de Paris, vingt-deux siècles après lui, utilisait encore les notions comme base du raisonnement médical. À travers lui, Molière dénonce ces savants qui, ignorants, prétentieux, ensevelis dans un savoir périmé, refusent les progrès de la science et qui continuent à citer Aristote et Cicéron comme les autorités suprêmes, à l'époque même où le philosophe Descartes invitait, contre les dogmes, à penser par soi-même. Pire, cette science n'en est pas une : compromise avec le charlatanisme (voir le fromage précieux que Sganarelle propose à titre de médicament), elle fait du médecin une sorte de magicien. À ce titre, on peut rappeler qu'au XVIIe siècle météorologie et astronomie étaient aussi dans les mains des médecins.

« Il suffit de l'habit »

Surtout, au-delà de la figure du médecin, ce sont toutes les figures de l'imposture fondées sur l'habit et l'usage d'un langage « sacré », inintelligible au profane, que vise Molière. Et si Sganarelle gruge Géronte en faisant du spectateur le complice amusé de cette mascarade, n'oublions pas qu'il dupe aussi Thibaut et Perrin, de simples paysans, inquiets pour la santé de la mère de famille. Si la scène, notamment avec le comique du patois paysan, reste bien dans le ton de la farce, le faux médecin n'en est pas moins redoutable, volant plus pauvre que lui, jouant de la peur de la mort, de la légitime angoisse de voir dépérir un être cher. Au fond, tout est affaire de langage, comme nous l'indiquait d'emblée la première réplique de la pièce : « c'est à moi de parler et d'être le maître ». Et malheur à ceux qui, tel le paysan analphabète, sont exclus de la maîtrise des signes : ils seront forcément dupés.

Si, à la fin du *Médecin*, grâce à Sganarelle qui fait triompher la fantaisie et l'amour, la comédie est sauve, reste cependant que l'habit du médecin et son langage pédant, au service du pouvoir (rappelons que, dans son ultime réplique, Sganarelle joue de son habit pour réaffirmer son autorité virile et conjugale), apparaissent aussi, de façon insidieuse, comme menaçants – « Je te donnerai la fièvre » dit Sganarelle à Lucas – et dangereux. La robe noire des médecins, même parodiquement portée ici par un bouffon virtuose de l'intrigue et du verbe, ne nous rappelle-t-elle pas d'autres robes noires, à qui Molière s'était affronté dans son *Tartuffe* ?

Correspondances

Les médecins dans le théâtre comique
• Molière, *Dom Juan*, acte III, scène 1.
• Jules Romains, *Knock*, 1924.
• Ionesco, *Le roi se meurt*, 1962.

Les pédants et leur jargon
• Métaphraste dans *Le Dépit amoureux*, acte II, scène 6.
• Pancrace dans *Le Mariage forcé*, scène 4.
• *Exercices de style* de Raymond Queneau, 1947, en particulier « Philosophique » et « Médical ».

Sur une thématique si riche, on peut aussi ajouter
• Les magistrats dans *Les Plaideurs* de Racine, 1668, et *Le Mariage de Figaro*, 1784, acte III, scène 15.
• Molière, le maître de philosophie dans *Le Bourgeois gentilhomme*, acte II, scène 3.

La critique des sciences imaginaires
• Montaigne, *Essais*, II, chap. 37, « De la ressemblance des enfants au père ».
• Pascal, *Pensées*, 44 (Lafuma).

—1

• Dans *Le Dépit amoureux* Albert s'inquiète de la froideur de son fils Ascagne pour le mariage, et consulte son précepteur Métaphraste qui l'accable d'étymologies, de sentences latines, de citations tirées des Anciens, autant de détours inutiles qui n'ont rien à voir avec le sujet. C'est ici le vieux modèle de la consultation parodique, que l'on trouve chez Rabelais (dans le *Tiers Livre*, lorsque Panurge veut se marier, il part consulter la Sibylle de Panzoust), qu'exploite Molière.

« **Albert.** – Je ne sais si dans l'âme
Il ne sentiroit point une secrète flamme :
Quelque chose le trouble, ou je suis fort déçu ;
Et je l'aperçus hier, sans en être aperçu,
Dans un recoin du bois où nul ne se retire.
Métaphraste. – Dans un lieu reculé du bois, voulez-vous dire,
Un endroit écarté, *latine, secessus* ;
Virgile l'a dit : *Est in secessu locus…*
Albert. – Comment auroit-il pu l'avoir dit, ce Virgile,
Puisque je suis certain que dans ce lieu tranquille
Âme du monde enfin n'étoit lors que nous deux ?
Métaphraste. – Virgile est nommé là comme un auteur fameux
D'un terme plus choisi que le mot que vous dites,
Et non comme témoin de ce que hier vous vîtes.
Albert. – Et moi, je vous dis, moi, que je n'ai pas besoin
De terme plus choisi, d'auteur ni de témoin,
Et qu'il suffit ici de mon seul témoignage.
Métaphraste. – Il faut choisir pourtant les mots mis en usage
Par les meilleurs auteurs : *Tu vivendo bonos*,
Comme on dit, *scribendo sequare peritos*.
Albert. – Homme ou démon, veux-tu m'entendre sans conteste ?

Métaphraste. – Quintilien en fait le précepte.
Albert. – La peste
Soit du causeur !
Métaphraste. – Et dit là-dessus doctement
Un mot que vous serez bien aise assurément
D'entendre. »

Molière, *Le Dépit amoureux*, acte II, scène 6.

2

• Autre consultation burlesque, celle du philosophe
Pancrace dans *Le Mariage forcé*. Enfin admis à exposer son
cas, Sganarelle indique à Pancrace qu'il est venu le consulter
« sur une petite difficulté ».

« **Pancrace.** – Que voulez-vous ?
Sganarelle. – Vous consulter sur une petite difficulté.
Pancrace. – Sur une difficulté de philosophie, sans doute ?
Sganarelle. – Pardonnez-moi : je...
Pancrace. – Vous voulez peut-être savoir si la substance et l'accident
sont termes synonymes ou équivoques à l'égard de l'Être ?
Sganarelle. – Point du tout. Je...
Pancrace. – Si la logique est un art ou une science ?
Sganarelle. – Ce n'est pas cela. Je...
Pancrace. – Si elle a pour objet les trois opérations de l'esprit ou la
troisième seulement ?
Sganarelle. – Non. Je...
Pancrace. – S'il y a dix catégories ou s'il n'y en a qu'une ?
Sganarelle. – Point. Je...
Pancrace. – Si la conclusion est de l'essence du syllogisme ?
Sganarelle. – Nenni. Je...
Pancrace. – Si l'essence du bien est mise dans l'appétibilité ou dans
la convenance ?
Sganarelle. – Non. Je...
Pancrace. – Si le bien se réciproque avec la fin ?
Sganarelle. – Eh ! non. Je...
Pancrace. – Si la fin nous peut émouvoir par son être réel, ou par
son être intentionnel ?

Sganarelle. – Non, non, non, non, non, de par tous les diables, non.

Pancrace. – Expliquez donc votre pensée, car je ne puis pas la deviner.

Sganarelle. – Je vous la veux expliquer aussi ; mais il faut m'écouter.

Sganarelle, *en même temps que le Docteur.* – L'affaire que j'ai à vous dire, c'est que j'ai envie de me marier avec une fille qui est jeune et belle. Je l'aime fort, et l'ai demandée à son père ; mais comme j'appréhende…

Pancrace, *en même temps que Sganarelle.* – La parole a été donnée à l'homme pour expliquer sa pensée ; et tout ainsi que les pensées sont les portraits des choses, de même nos paroles sont-elles les portraits de nos pensées, mais ces portraits diffèrent des autres portraits en ce que les autres portraits sont distingués partout de leurs originaux, et que la parole enferme en soi son original, puisqu'elle n'est autre chose que la pensée expliquée par un signe extérieur : d'où vient que ceux qui pensent bien sont aussi ceux qui parlent le mieux. Expliquez-moi donc votre pensée par la parole, qui est le plus intelligible de tous les signes.

Sganarelle. *Il repousse le Docteur dans sa maison, et tire la porte pour l'empêcher de sortir.* – Au diable les savants qui ne veulent point écouter les gens ! On me l'avait bien dit, que son maître Aristote n'était rien qu'un bavard. Il faut que j'aille trouver l'autre ; il est plus posé, et plus raisonnable. Holà ! »

Molière, Le Mariage forcé, scène 4.

3

• Raymond Queneau (1903-1976) est un expérimentateur du langage. Ses *Exercices de style* offrent 99 variantes du récit d'un même fait divers, soit 99 façons de raconter un unique et très banal événement. Puisque chaque variation vaut par elle-même mais aussi pour sa superposition avec le thème original, nous le citerons d'abord, suivi de deux variantes « jargonnantes ».

« Notations

Dans l'S, à une heure d'affluence. Un type dans les vingt-six ans, chapeau mou avec cordon remplaçant le ruban, cou trop long comme si on lui avait tiré dessus. Les gens descendent. Le type en question s'irrite contre un voisin. Il lui reproche de le bousculer chaque fois qu'il passe quelqu'un. Ton pleurnichard qui se veut méchant. Comme il voit une place libre, il se précipite dessus.

Deux heures plus tard, je le rencontre Cour de Rome, devant la gare Saint-Lazare. Il est avec un camarade qui lui dit : "Tu devrais faire mettre un bouton supplémentaire à ton pardessus." Il lui montre où (à l'échancrure) et pourquoi.

Philosophique

Les grandes villes seules peuvent présenter à la spiritualité phénoménologique les essentialités des coïncidences temporelles et improbabilistes. Le philosophe qui monte parfois dans l'inexistentialité futile et outilitaire d'un autobus S y peut apercevoir avec la lucidité de son œil pinéal les apparences fugitives et décolorées d'une conscience profane affligée du long cou de la vanité et de la tresse chapeautière de l'ignorance. Cette matière sans entéléchie véritable se lance parfois dans l'impératif catégorique de son élan vital et récriminatoire contre l'irréalité néoberkeleyienne d'un mécanisme corporel inalourdi de conscience. Cette attitude morale entraîne alors le plus inconscient des deux vers une spatialité vide où il se décompose en ses éléments premiers et crochus.

La recherche philosophique se poursuit normalement par la rencontre fortuite mais anagogique du même être accompagné de sa réplique inessentielle et couturière, laquelle lui conseille nouménalement de transposer sur le plan de l'entendement le concept de bouton de pardessus situé sociologiquement trop bas.

Médical

Après une petite séance d'héliothérapie, je craignis d'être mis en quarantaine, mais montai finalement dans une ambulance pleine de grabataires. Là, je diagnostique un gastralgique atteint de gigantisme opiniâtre avec élongation trachéale et rhumatisme déformant un ruban de son chapeau. Ce crétin pique soudain une crise hystérique parce qu'un cacochyme qui pilonne son tylosis gompheux, puis ayant déchargé sa bile, il s'isole pour soigner ses convulsions.

Plus tard, je le revois, hagard devant un Lazaret, en train de consulter un charlatan au sujet d'un furoncle qui déparait ses pectoraux. »

Raymond Queneau, *Exercices de style*, Gallimard, 1947.

Le comique
dans *Le Médecin malgré lui*

De la scène initiale à l'heureux dénouement, la pièce, qui permet à Molière de renouer avec le succès populaire, est tout entière placée sous le signe du rire – « Ne prenez pas garde à ça Monsieur : ce n'est que pour faire rire » nous avertit Lucas –, une pièce pour rire et pour faire rire. Molière y joue magistralement des quatre types du comique théâtral.

Le comique de situation

Par cette expression, on souligne que l'intrigue, bafouant tout souci de vraisemblance, est fondée sur l'incongruité des situations, jouant sur le désordre des identités, faisant se côtoyer des personnages qui n'auraient jamais dû se rencontrer... Il en va bien ainsi pour l'intrigue « folle » du *Médecin* qui pourrait être résumée ainsi : rossée par son mari, une femme rusée rencontre par hasard deux valets à la recherche d'un médecin, les dupe en faisant battre son mari qui à son tour bat et dupe Géronte qui lui-même séquestre sa fille dont la fausse maladie permet d'introduire ce faux médecin qui profite de son habit pour courtiser celui qui l'a battu et favoriser l'intrusion d'un faux apothicaire, vrai amoureux, qui profite à son tour de sa prétendue qualité pour s'enfuir avec la jeune fille ! Soit une accumulation de méprises, de situations comiques qui culminent dans la scène 6 de l'acte III, avant que le stratagème ne soit dévoilé.

Le comique de mots

Jurons, jeux de mots, plaisanteries grivoises, intrusion de termes inventés, altération de la grammaire et de la syntaxe à travers le jargon campagnard, production d'un galimatias à travers la fausse langue savante, allusions scatologiques, rudiments de latin, onomatopées, baragouin inintelligible (et sur ce point paysans, médecin et malade sont à égalité), fabrication d'un double sens à destination du public, la pièce offre une véritable fête langagière. À intrigue folle correspond un langage tout aussi fou, saisi, dès la première scène, et ce au-delà de toute intention morale (car le mari ivrogne, égoïste et tyrannique nous fait cependant rire), d'une jubilatoire liberté. Et de cette fête Sganarelle, par son inventivité verbale, est l'incomparable maître.

Les jeux de scène

Bastonnades à répétition – rappelons que le bâton est l'accessoire traditionnel de la farce, rappelons aussi que la répétition est au fondement du comique –, jeu avec la bouteille, avec la bourse remplie de pièces d'or – Sganarelle, par trois fois, prend sans en avoir l'air, feint le désintéressement et empoche l'argent –, empoignade de Lucas violentant son maître, pirouettes imposées à son mari par Jacqueline, œillades sur les tétons de la nourrice..., la pièce abonde en didascalies indiquant des jeux de scène, des mimiques, des mouvements du corps (par exemple à la scène 2 de l'acte II, lorsque, feignant d'embrasser Lucas, Sganarelle parvient à étreindre la nourrice), qui, hérités de la *commedia dell'arte*, donnent à la pièce son rythme allègre. Le spectacle que propose *Le Médecin malgré lui* est d'abord visuel – en cela les lecteurs que nous sommes sont tristement frustrés –, et là encore, c'est Sganarelle qui, occupant l'espace scénique (voir acte III, scène 6), dynamise, crée le déplacement, provoque l'accélération, introduisant le désordre et la mobilité dans l'univers statique du bourgeois Géronte.

La satire

Ici ce sont bien des types de caractère, de posture sociale et de profession que Molière se moque. Soit, à travers Lucas, la satire du mari jaloux qui, caché, assiste malgré lui à son procès (acte III, scène 3) ; soit encore, à travers Géronte, la satire du père cupide dupé par sa propre fille ; soit, surtout,

à travers Sganarelle, c'est-à-dire ce simple fagotier habile en
roueries, la satire des médecins ignorants (pensez à ces
pauvres notions d'anatomie dont Géronte pourtant ne s'of-
fusque pas) qui, par une logorrhée stupide, parviennent à
tromper leur monde et à asseoir leur autorité.

Correspondances

Méprises et quiproquos dans le théâtre de Molière
• *L'Avare*, acte V, scène 3.
• *L'École des femmes*, acte II, scène 5 et acte IV, scène 3.

Le comique du charabia
• Rabelais, *Pantagruel*, 1532, chap. 6.
• Sganarelle dans *Dom Juan*, acte V, scène 2.
• Le monologue de Lucky dans *En attendant Godot* de
Beckett, 1953.

Les objets dans *Le Médecin malgré lui*

Deux types d'objet occupent l'espace théâtral : les accessoires et les costumes. Dans l'étude d'une pièce il est utile de
relever ceux que l'auteur mentionne, soit dans les didascalies, soit dans le discours des personnages, afin de voir en
quoi ils contribuent au sens et à l'esthétique de la pièce.

Les accessoires

Dans ses *Mémoires*, le décorateur Mahelot dresse la liste des
objets que Molière utilisait pour la représentation du
Médecin : « des bois, une grande bouteille, deux bottes, trois
chaises, un morceau de fromage, des jetons, une bourse ».
Aux objets qui n'ont qu'une fonction utilitaire, comme le
siège que réclame Géronte lors de la scène de consultation,
ou référentielle (les fagots permettent de caractériser sociale-
ment Sganarelle), s'adjoignent des objets dotés d'une valeur
symbolique. Soit ici le bâton, la bouteille, l'argent. Le bâton

nous renvoie, dès la première scène, à l'univers de la farce : il est l'arme des petits, là où les personnages nobles de la tragédie portent et manient l'épée, et permet toutes sortes de jeux de scène comiques, de multiples renversements de situation. La bouteille apparaît acte I, scène 5 : Sganarelle lui dédie un véritable chant d'amour avant qu'elle ne devienne l'objet d'un important jeu de scène. Molière joue ici d'une caractéristique du valet depuis l'Antiquité : jovial, il aime boire (et aussi manger : pensons au Sganarelle du *Dom Juan*). Enfin, autre emprunt aux comédies antiques, le jeu autour de la bourse qui, comme pour les bastonnades, repose sur le comique de répétition (acte II, scène 4 et acte III, scène 2).

Les costumes

Dans la scène 4 de l'acte I, Molière insiste sur la tenue « extravagante » de son héros : « C'est un homme [...] qui porte une fraise, avec un habit jaune et vert. » Et Lucas de s'esclaffer : « C'est donc le médecin des paroquets ! » Ce costume n'a rien à voir avec un effet de réel qui nous renverrait à la silhouette reconnaissable d'un bûcheron au temps de Molière. Il s'agit bien d'un accoutrement bouffon propre au climat de comédie (le célèbre Brighella qui, avec Arlequin, forme le couple des valets rusés dans la *commedia dell'arte* porte un même costume bicolore), et qui vise, dès la première apparition de Sganarelle, ainsi typifié par son costume, à faire rire.

Surtout, on assiste dans la pièce à deux déguisements : celui, à l'acte II, de Sganarelle vêtu « en robe de médecin avec un chapeau des plus pointus » et celui de Léandre qui, après l'entracte, revient à l'acte III ayant changé d'habit et de perruque. À ces déguisements, on peut accorder plusieurs valeurs.

Ils ont d'abord une fonction dramatique : le déguisement noue et dénoue l'intrigue, fait avancer l'action. Dans la maison du maître on ne peut pénétrer que masqué et l'habit d'apothicaire permet notamment à Léandre, méconnaissable, de voir Lucinde et de s'enfuir avec elle. Ils ont une fonction comique : on rit du stratagème du dupeur, de la bêtise du dupé.

Ainsi rendent-ils ridicules les précautions du vieillard – c'est le vieux canevas comique de la précaution inutile – et servent le comique de situation : Géronte accueille chez lui l'amant dangereux dont il voulait se protéger. Ils ont aussi une fonction psychologique : comment le personnage déguisé va-t-il jouer son rôle, comment vont réagir les autres personnages ? Ils permettent bien sûr la satire, celle d'un univers social fondé sur les signes trompeurs et où « l'habit fait le moine ». Et d'une certaine façon, c'est bien grâce au travestissement, par le détour du déguisement, que la vérité, démasquée, surgit sur scène : celle d'une société où l'apparence est reine.

Enfin, de l'habit du fagotier à celui du médecin, les costumes témoignent du goût de Molière, grand acteur comique, pour le déguisement, les masques, la mise en scène des corps bouffons. Il s'agit là, et c'est peut-être l'essentiel, d'une fonction esthétique. Depuis sa première apparition, c'est toujours Molière qui, grimé, les moustaches tombantes, incarna le rôle sur scène. Or le succès de Sganarelle représente bien l'apothéose du pouvoir de l'acteur, capable de faire croire à ses mensonges, d'illusionner le public et finalement de faire triompher, ne serait-ce que le temps d'une représentation, la vie et le rire sur les forces du sérieux et de l'oppression sociale. Dans cette pièce où, grâce au déguisement, c'est-à-dire à une arme spécifiquement théâtrale, Sganarelle parvient à conquérir le pouvoir, on peut ainsi voir une véritable apologie du théâtre.

Correspondances

Quelques déguisements au théâtre
• Toinette dans *Le Malade imaginaire*, acte III, scène 10.
• *Le Jeu de l'amour et du hasard* de Marivaux, 1730, acte III, scène 8.
• Le Comte dans *Le Barbier de Séville* de Beaumarchais, 1775, acte IV, scène 6.

Céline Samie (Jacqueline), Richard Fontana (Sganarelle),
Isabelle Gardien (Lucinde)
dans la mise en scène de Dario Fo, Comédie-Française, 1990.

Principales mises en scène

Deux mises en scène contemporaines, par l'importance qu'elles accordent à la théâtralité, retiendront notre attention : celle de Benno Besson à la Maison des Arts de Créteil en 1986, celle de Dario Fo à la Comédie-Française en 1990. Benno Besson a choisi de représenter *Le Médecin malgré lui* avec des personnages masqués, façon de nous renvoyer à la mascarade, c'est-à-dire de revenir aux sources vivantes de la pièce. Cela oblige en outre les comédiens à des évolutions gestuelles et chorégraphiques considérables puisque la faculté expressive ne peut plus venir du visage et des jeux de physionomie. En forçant ainsi le comédien à communiquer par le corps, et par conséquent le spectateur à éviter les pièges de la psychologie – rien ne sépare plus la personne du personnage –, le metteur en scène montre à quel point la dramaturgie de Molière est fondée sur la convention du jeu et des types, et non pas sur la vraisemblance et la psychologie. Mais il montre aussi ce qui fait l'essentiel de l'intrigue avec ses implications critiques : un jeu de masques.

Dario Fo est à la fois metteur en scène et auteur dramatique. Il a reçu en 1997 le prix Nobel de littérature. Or il est intéressant de noter que cette consécration a rencontré beaucoup d'hostilité et suscité la polémique. Dario Fo, considéré comme un simple amuseur – son théâtre marque le retour au genre populaire de la farce –, ne présente pas, aux yeux de certains, la garantie de sérieux, la noblesse de langage et de pensée nécessaire aux grands auteurs... Resurgit ici, à trois siècles de distance, la vieille querelle que l'on faisait déjà à Molière !

La mise en scène qu'il proposa en 1990 du *Médecin malgré lui* était, fidèle à sa propre esthétique théâtrale, une exhibition farcesque, une façon de porter à son comble la dimension ludique, joyeuse, indisciplinée de la pièce, notamment par la jovialité triomphante de son protagoniste qui, joué par le comédien Richard Fontana, incarnait véritablement la toute-puissance de l'illusion théâtrale. Toute la mise en scène de Dario Fo est une exploitation de la théâtralité de la pièce, avec notamment une attention toute particulière à la disposition des corps sur scène. Dans la première scène par exemple, celle de la dispute conjugale, il choisit de représenter Martine et Sganarelle dans un arbre : la séparation des corps montrait déjà leur désaccord tandis qu'une branche pourtant les reliait... Surtout Dario Fo exploite à merveille l'omniprésence du corps dans la pièce de Molière : corps qu'on frappe ou qu'on tâte, corps auquel on inflige des pirouettes, corps qu'on nourrit ou qu'on guérit, corps qui séduit et qui bondit... Le choix de la mise en scène rapproche ainsi l'univers de Molière de celui de la fête des fous et du carnaval, et rend au comique populaire sa force séditieuse, dirigée contre toute supériorité.

Jugements critiques

Au XVIIe siècle, l'œuvre de Molière, et en particulier *Le Médecin malgré lui*, connaît un vif succès. Déjà, pourtant, les doctes attaquent l'amour de Molière pour la farce, son goût pour le comique populaire qui contrevient aux bien-séances. Boileau déplore, dans son *Art poétique*, à propos des *Fourberies de Scapin* :

« Dans ce sac ridicule où Scapin s'enveloppe
Je ne reconnais plus l'auteur du *Misanthrope*. »

Au XVIIIe siècle, cette critique s'accentue : on rejette le rire gras, le « bas » matériel et corporel, les exagérations grotesques, tout ce qui relève du comique de la place publique. Et de même que Voltaire condamne Rabelais – « On le regarde comme le premier des bouffons, on est fâché qu'un homme qui avait tant d'esprit en ait fait un si méprisable ouvrage » écrit-il dans ses

Lettres philosophiques en 1734 –, de même il dévalue *Le Médecin malgré lui* qui n'aurait été écrit, après l'insuccès du *Misanthrope*, que pour séduire « le peuple grossier » :

« *Le Médecin malgré lui* soutint *Le Misanthrope* ; c'est peut-être à la honte de la nature humaine, mais c'est ainsi qu'elle est faite : on va plus à la comédie pour rire que pour être instruit. *Le Misanthrope* était l'ouvrage d'un sage qui écrivait pour les hommes éclairés ; et il fallut que le sage se déguisât en farceur pour plaire à la multitude. »

Tout se passe comme si le rire joyeux méritait désormais le mépris, et comme si le titre de « premier des bouffons », autrefois glorieux, était devenu un signe de dédain. De ce discrédit jeté sur la farce témoigne aussi Jean-Baptiste Rousseau qui, dans sa *Lettre au Président de Brosses* du 21 décembre 1731, évoque en ces termes violemment péjoratifs la farce de Molière, *La Jalousie du Barbouillé* :

« Tout cela est revêtu du style le plus bas et le plus ignoble que vous puissiez imaginer. Ainsi le fond de la farce peut être de Molière ; on ne l'avait point portée plus haut de ce temps-là : mais comme toutes ces farces se jouaient à *l'improvisade*, à la manière des Italiens, il est aisé de voir que ce n'est point lui qui en a mis le dialogue sur le papier : et ces sortes de choses, quand même elles seraient meilleures, ne doivent jamais être comptées parmi les ouvrages d'un auteur célèbre. »

La farce est donc exclue de l'œuvre officielle de Molière. À la différence de l'accueil qu'elle avait reçue de son vivant – *Le Misanthrope* n'avait pas été apprécié, puis quelques mois plus tard, *Le Médecin* avait permis à Molière de renouer avec le succès –, la pièce va apparaître comme relevant des œuvres mineures, de pur divertissement, et donc en cela inférieure aux pièces réputées sérieuses. Mais il est à noter que, même parmi elles, Rousseau condamne, et cette fois non pas au titre d'un simple jugement de goût, mais bien au nom de la morale et de la vertu, les œuvres de Molière :

« Examinez le comique de cet auteur : partout vous trouverez que les vices de caractère en sont l'instrument, et les défauts naturels le sujet ; que la malice de l'un punit la simplicité de l'autre, et que les sots sont victimes des méchants : ce qui, pour n'être que trop vrai dans le monde, n'en vaut pas mieux à mettre au théâtre avec un air d'approbation, comme pour exciter les âmes perfides à punir, sous le nom de sottise, la candeur des honnêtes gens. »

Rousseau en fait a bien raison. Le théâtre de Molière n'a rien d'exemplaire et n'offre pas de leçon morale : Sganarelle le fourbe triomphe dans *Le Médecin malgré lui*, et fait triompher du même coup, par sa virtuosité, la duplicité et le masque contre le sérieux officiel des « honnêtes gens ».

Au XIXe siècle, on retrouve des jugements critiques pareils à ceux que portait Voltaire. Ainsi sous la plume du poète romantique Alfred de Vigny qui renvoie tout le genre de la comédie du côté d'une esthétique vulgaire, ayant pour but de rabaisser la dignité de l'homme :

« J'aime peu la comédie, qui tient toujours plus ou moins de la charge et de la bouffonnerie… Elle me répugne parce que dans tous les arts elle appauvrit l'espèce humaine et, comme homme, elle m'humilie. »

Sainte-Beuve par contre exalte le personnage de Sganarelle, invention géniale de Molière, dont il souligne la proximité avec les grandes créatures comiques :

« Le Sganarelle de Molière, dans toutes ses variétés de valet, de mari, de père de Lucinde, de frère d'Ariste, de tuteur, de fagotier, de médecin, est un personnage qui appartient en propre au poète, comme Panurge à Rabelais, Falstaff à Shakespeare, Sancho à Cervantès. »

Au XXe siècle, il est significatif que l'attention de plusieurs générations de critiques ait été monopolisée par l'analyse de *Dom Juan*, du *Tartuffe* et du *Misanthrope*, au mépris des textes réputés faciles. Encore aujourd'hui les pièces *Le Médecin malgré lui* ou *Le Malade imaginaire* sont abordées en classe de collège, tandis que l'étude de *Dom Juan* est différée jusqu'en première, façon pédagogique de perpétuer la vieille notion de hiérarchie…

Reste que c'est sans doute dans la seconde moitié de notre siècle qu'a été reconnu, sans tentative d'occulter une partie de son œuvre au profit de l'autre, le génie de Molière. René Bray écrit en 1954, dans son *Molière, homme de théâtre*, à propos du *Médecin* :

« C'est un chef-d'œuvre, et qui fut accueilli comme tel. La farce y prend de l'ampleur. Le poète prouve qu'il a pleine conscience de la fonction comique du genre. »

Jacques Copeau, qui fut le créateur du théâtre du Vieux-Colombier et qui mit en scène *Le Médecin malgré lui*, célèbre à son tour le génie comique de Molière dans lequel il voit une sorte d'épure :

« Pour construire une scène comique, Molière n'aura besoin que de fixer trois ou quatre points d'élancement, de rebondissement et d'aboutissement. Tout l'entre-deux n'est que jeux et rythmes qui préparent, retardent ou laissent se déployer le rire. C'est pour être si peu surchargé que son comique nous paraît si fort. C'est à son aération qu'il doit d'être à ce point délié, clair, tonique. »

Il écrit encore à propos du *Médecin* :

« Tout y est en relief et en couleur, enlevé à grands traits, brossé largement, fait pour être vu et compris de loin, fût-ce au défaut des paroles, tant la mimique en est forte. »

Peut-être est-ce finalement notre époque – parce que le langage du corps a été réhabilité, parce que la modernité n'a plus peur de rabaisser l'homme ? – qui se sent la plus proche de cette théâtralité farcesque. Jacques Copeau, ayant fait appel à des clowns, les Fratellini, pour qu'ils enseignent dans son école, déclare :

« C'est peut-être d'une renaissance de la farce que procédera le renouvellement dramatique total auquel nous voudrions contribuer. »

La tradition de la farce revit dans le théâtre contemporain qui se met à l'école de l'art des marionnettes, du cirque, de la parade de foire, multiplie les pantomimes, et ne craint pas les répliques incongrues ou les allusions de mauvais goût. Revendiquant cet héritage, le dramaturge Eugène Ionesco écrit dans *Notes et contre-notes* :

« Un théâtre utilisant des moyens simples n'est pas forcément simpliste. »

Enfin, il faut noter que si le théâtre de Molière nous est si proche, c'est qu'on peut le lire comme une réflexion sur l'usage de la fiction et de la parole : dans *Le Médecin*, il ne s'agit pas tant de conflits d'idées que de situations de langage, de rapports de force, où chaque sujet parlant se définit par sa stratégie dans le discours, par la maîtrise qu'il a, ou non, des signes langagiers. La remarque d'Anne Ubersfeld sur la dramaturgie contemporaine vaut également pour le discours moliéresque :

« De plus en plus, l'écriture théâtrale contemporaine montre une sorte de déplacement par rapport au contenu même du discours ; l'accent, dans le théâtre tout récent, est mis beaucoup moins sur les conflits d'idées et de sentiments, sur ce qui est dit, et beaucoup plus sur les conflits de langage, la stratégie propre du discours, le travail de parole des personnages. »

Posséder le langage et en user comme piège où il s'agit d'enfermer l'autre, tel est bien l'enjeu du *Médecin malgré lui*.

Compléments historiques et notionnels

Apologie
Discours visant à défendre, à justifier une personne, une doctrine, une activité…

Athéisme
Au XVIIᵉ siècle, doctrine niant l'existence d'un Dieu personnel.

Bienséance (règle de la)
Au XVIIᵉ siècle, règle qui veut que, dans une œuvre, on respecte les usages, la morale (le personnage de Chimène dans *Le Cid*, amoureuse du meurtrier de son père, fut par exemple critiqué comme contrevenant à cette règle). Au pluriel, les bienséances, règles d'usage à respecter.

Burlesque
Genre de procédé littéraire, introduit par Scarron au XVIIᵉ siècle, qui consiste, à l'origine, à traiter des sujets sérieux sur un mode ridicule. L'effet burlesque repose sur un décalage entre le ton adopté et le sujet traité.

Champ lexical
L'ensemble des mots qui désignent le même secteur de la réalité et que l'on peut regrouper, d'après leur sens, sous une même notion.

Chute
Finale de phrase ou de paragraphe soulignée par une image, un trait comique, un paradoxe… On peut citer le poème que vient déclamer Philinte dans *Le Misanthrope* et sa chute – « Belle Phillis, on désespère. Alors qu'on espère toujours » – et la réponse indignée d'Alceste : « La peste de ta chute, empoisonneur, au diable ! En eusses-tu fait une à te casser le nez ! »

Compagnie du Saint-Sacrement
Association religieuse qui voulait faire pression sur les particuliers et l'opinion publique. Elle est à l'origine de la cabale des dévots menée contre Molière.

Effet de réel
Élément d'un texte qui, renvoyant à une réalité connue du lecteur, contribue à donner à la fiction l'apparence d'une réalité.

La Fronde
Troubles qui agitèrent la France sous le gouvernement de Mazarin,

mettant en question la monarchie absolue. La cour dut en 1649 se réfugier à Saint-Germain tandis que Condé, qui avait pris la tête du mouvement, assiégeait Paris.

Habile

Le mot avait souvent au XVIIᵉ siècle le sens d'intelligent et de cultivé, par opposition à ignorant.

Honnête homme

Représente l'idéal social du XVIIᵉ siècle, c'est un homme courtois, sociable, qui sait vivre.

Humeur

Terme essentiel de la médecine classique qui désigne un liquide sécrété par un organe qui parcourt le corps humain. Par extension, le terme représente le tempérament d'un être humain selon que l'une des quatre humeurs domine. On parle ainsi d'humeur colérique (dominance de la bile jaune), flegmatique (celle du flegme), mélancolique (celle de la bile noire), ou sanguine (celle du sang). Ce terme n'a pas au XVIIᵉ siècle le sens moderne d'état d'esprit, il reste toujours dépendant de cet arrière-plan physiologique.

Jansénisme

Mouvement religieux et intellectuel fondé sur la doctrine de Jansénius (1585-1638), morale chrétienne austère et rigoriste.

Jeu de paume

Lieu où l'on jouait à la paume, sorte d'ancêtre du tennis.

Libertins

Tenants de la libre pensée, ils se veulent indépendants de toute règle imposée du dehors, et notamment de la discipline imposée par l'Église. Condamnés (Th. de Viau connut la Bastille, Saint-Évremond l'exil), ils doivent rester dans la clandestinité.

Logorrhée

Flux de paroles inutiles.

Niveaux de langue

Ils correspondent aux divers usages sociaux de la langue. On en distingue couramment trois (familier, courant et soutenu) qui se différencient par le vocabulaire et la syntaxe. Ils sont un moyen de qualification des personnages.

Parodie

Imitation burlesque d'une œuvre célèbre ou sérieuse. Par exemple, *Le Virgile Travesti* est une parodie de *L'Énéide* de Virgile.

Polémique

Substantif : débat plus ou moins violent, en général par écrit. Adjectif : violent, agressif. On parle d'un ton, d'un style polémique.

Politesse

Notion centrale de toute vie mondaine : elle est la marque d'élégance, de culture, ce qui permet aux hommes de vivre ensemble. Elle équivaut à notre idée de « civilisation ».

Satire
Genre littéraire où l'auteur attaque les vices, les ridicules de ses contemporains en s'en moquant. Adjectif : satirique.

Vraisemblance (règle de la)
Règle selon laquelle une œuvre littéraire doit avoir l'apparence du vrai.

Petit lexique théâtral

Aparté
Propos d'un acteur qui est censé être entendu par les spectateurs, tout en échappant aux autres personnages.

Barbon
Issu de la comédie italienne (le mot vient de *barbone* qui veut dire grande barbe), c'est un vieil homme ridicule d'humeur acariâtre.

Coup de théâtre
Événement imprévu qui amène un changement brutal de la situation.

Dénouement (ou épilogue)
Conclusion qui met un point final à l'intrigue en réglant le sort des personnages.

Didascalie
Indication de mise en scène fournie en dehors du texte prononcé par les acteurs. On appelle didascalie initiale la première de la pièce, celle qui donne la liste des personnages.

Exposition (scène d')
Scène destinée à apprendre au public ce qui s'est passé avant le lever du rideau et dont la connaissance est nécessaire pour suivre l'intrigue, en général la (ou les) première(s) scène(s) de la pièce.

Intrigue
Ensemble des événements qui sont au cœur de l'action de la pièce.

Mascarade
Divertissement d'origine italienne, constitué par des scènes où apparaissent des personnages mythologiques ou burlesques masqués.

Méprise
Erreur qui consiste à prendre une personne, une chose, pour une autre, situation qui en résulte.

Metteur en scène
Personne qui élabore et supervise le spectacle et assure ainsi son unité.

Monologue
Propos qu'un personnage, seul sur la scène, se tient à lui-même, révélant ainsi au spectateur ses sentiments. Scène constituée par ce type de tirade.

Nœud
Éléments essentiels et contradictoires (on parle d'obstacles) qui forment l'action.

Pantomime
Art de s'exprimer par les gestes, les jeux de physionomie, les attitudes corporelles, sans passer par le langage.

Péripétie
Tout nouvel élément qui fait avancer l'action.

Protagoniste
Terme qui vient de la tragédie grecque et désigne le personnage principal d'une pièce.

Réplique
Partie du dialogue prononcée d'un seul tenant par un personnage.

Saynète
À l'origine, petite comédie bouffonne du théâtre espagnol que l'on jouait pendant un entracte. Cela correspond à ce qu'on appelle aujourd'hui un sketch.

Scénographie
Ensemble des techniques qui envisagent l'organisation de la scène et ses rapports avec la salle.

Stichomythie
Succession de répliques de longueur égale ou à peu près égale.

Théâtralité
Ensemble des éléments qui donnent à un texte sa force théâtrale.

Tirade
Longue réplique.

Bibliographie

Sur Molière et *Le Médecin malgré lui*

• P. Dandrey, *Molière ou l'esthétique du ridicule*, Klincksieck, 1992.

• G. Defaux, *Molière ou les métamorphoses du comique*, Klincksieck, 1992.

Sur la médecine

• F. Millepierres, *La Vie quotidienne des médecins au temps de Molière*, rééd. Le Livre de Poche, n° 5809.

Sur le langage théâtral

• P. Larthomas, *Le Langage dramatique*, PUF, 1980.

Filmographie

• A. Mnouchkine, *Molière ou la Vie d'un honnête homme*, film disponible en deux vidéo-cassettes, Polygram vidéo.

CRÉDIT PHOTO : p. p. 6,,"Ph. © Archives Larbor. / T." • p. 8,,"Ph. © Giraudon. / T." • p. 36,,"Ph. Coll. Archives Larbor. / T." • p. 43,,"Ph. © Brigitte Enguérand. / T." • p. 76,,"Ph. © Ecla - Théatre. / DR. / T." • p. 91,,"Ph. © N. D. Viollet. / T." • p. 100,,"Ph. © Ph. Coqueux. / Specto. / T." • p. 104,,"Ph. © Lipnitzki-Viollet. / T." • p. 149,,"Ph. © Ph. Coqueux. / Specto. / T."

Direction de la collection : Pascale MAGNI.
Direction artistique : Emmanuelle BRAINE-BONNAIRE.
Responsable de fabrication : Jean-Philippe DORE.

Compogravure · P P C · Impression · MAME n° 02012149. Dépôt légal 1re édition · août 1998
Dépôt légal · février 2002 · N° de projet : 10092005 (V) 226 (OSB 60°)